事業者必携

入門図解
最新

就業規則の
作り方と
社内規程
サンプル集

社会保険労務士
小島 彰 [監修]

三修社

はじめに

　就業規則とは、労働時間や賃金といった労働条件や職場の規律を文書化した、使用者と労働者（従業員）との間のルールブックです。

　10人以上の従業員を雇う会社には就業規則の作成・届出が義務づけられています。多くの人が働く企業では、円滑に業務を行うため、会社の方針や勤務時間、休日、賃金、待遇などについてのルールを示すことで、従業員は会社の求める働き方を理解することができます。また、社内トラブルの防止や職場環境が向上し、売上アップにつながる効果も期待できます。

　ただ、就業規則を作成する理由は、単に「届出義務があるから」ということだけではありません。就業規則は、経営者の想いや考え方を形にして従業員に伝える手段としても重要な役割を果たしています。そのため、就業規則作成後に、経営理念と実態が合致していない事態が生じた場合には、適宜見直していく必要があるでしょう。また、就業規則によって基本的な労働条件が決定され、就業規則の変更によって、個々の労働者の労働条件が変更されることもあります。法律や制度が改正された場合には就業規則の規定も新しい法律や制度に対応させなければなりません。

　就業規則の作成や見直しに着手する場合、何から手をつけたらよいのかわからないケースもあると思いますが、本書では、就業規則を分野別に分けて解説をしていく形をとっていますので、本書を読み進めるにつれて知識のない人でも就業規則を作成することができるような構成になっています。また、就業規則に関連するおもな社内規程について、作成ポイントと書式を掲載しています。

　本書を皆様のお役に立てていただければ幸いです。

監修者　社会保険労務士　小島　彰

Contents

はじめに

序章　就業規則の全体像

就業規則とは　　　　　　　　　　　　　　　　　　　　　8

就業規則の作成手順　　　　　　　　　　　　　　　　　　12

就業規則を変更する場合の手続き　　　　　　　　　　　　14

　　書式1　就業規則変更届　　　　　　　　　　　　　　17

　　書式2　意見書　　　　　　　　　　　　　　　　　　18

第1章　就業規則の規定例と作成ポイント

1　前文・総則　　　　　　　　　　　　　　　　　　　　20

2　人事　　　　　　　　　　　　　　　　　　　　　　　24

3　休職・退職・解雇　　　　　　　　　　　　　　　　　33

4　服務　　　　　　　　　　　　　　　　　　　　　　　47

5　労働時間、休憩時間　　　　　　　　　　　　　　　　59

6　休日・休暇　　　　　　　　　　　　　　　　　　　　75

7　出産・育児・介護関係・その他の休暇　　　　　　　　91

8　賃金、退職金、表彰、懲戒　　　　　　　　　　　　　99

9　安全衛生・災害補償　　　　　　　　　　　　　　　　109

10　職務発明　　　　　　　　　　　　　　　　　　　　117

第2章　賃金についての規程

1　賃金規程作成の仕方　　　　　　　　　　　　　　　　120

　　書式1　賃金規程　　　　　　　　　　　　　　　　　126

2 その他の書式作成の仕方　132
　書式2 通勤手当支給規程　133
　書式3 マイカー使用管理規程　135
　書式4 マイカー通勤誓約書　137
　書式5 出張旅費規程　138

第3章　パート・嘱託社員・在宅勤務の規程

1 パートタイム就業規則作成の仕方　146
　書式1 パートタイム労働者の就業規則　151
2 副業・兼業についての規定づくりと書式作成の仕方　162
　書式2 副業・兼業規程　167
3 副業・兼業・業務委託の書式作成の仕方　170
　書式3 副業・兼業許可申請書　171
　書式4 副業・兼業許可通知書　172
　書式5 他事業主における就業状況報告書　173
　書式6 副業・兼業等の労働時間報告書　174
　書式7 副業・兼業に関する誓約書　175
4 嘱託社員規程の作成　176
　書式8 嘱託社員規程　177
5 在宅勤務規程作成の仕方　182
　書式9 在宅勤務規程　186
6 テレワーク・在宅勤務と書式作成の仕方　191
　書式10 在宅勤務許可申請書　192
　書式11 作業環境等申告書　193
　書式12 在宅勤務許可書　194

書式13 個人端末業務利用規程 195

書式14 個人端末業務利用に関する誓約書 198

第4章　就業規則に関連するその他の社内規程

1　私傷病休職規程 200

　書式1 私傷病休職取扱規程 201

2　育児・介護休業に関する規程 205

　書式2 育児・介護休業規程 207

3　安全衛生に関する規程 230

　書式3 安全衛生規程 231

4　ハラスメント防止に関する規程 235

　書式4 ハラスメント防止規程 237

5　職務発明に関する規程 241

　書式5 職務発明規程 242

6　出向に関する規程 246

　書式6 出向規程 247

7　退職に関する規程 250

　書式7 退職金規程 251

　書式8 競業禁止および守秘義務に関する誓約書 254

　書式9 退職に関する合意書 255

序　章

就業規則の全体像

就業規則とは

▶ なぜ就業規則が必要なのか

　さまざまな考え方を持つ人が会社に集まると、その認識の違いから小さなトラブルが生じたり、自分の利益のために会社や他の従業員に危害を加える人もでてきます。これらを未然に防ぐ意味からも、会社において一定のルールを定めることが重要になります。

　就業規則とは、会社にとって必要不可欠なルールブックです。経営者の頭の中にある社内のルールや、法律で定められた事項などを社内の全員に同じように適用することによって、従業員の行動の統一化を図ります。労働基準法89条には、「常時10人以上の労働者を使用する使用者は、（中略）就業規則を作成し、行政官庁に届け出なければならない」と規定されています。この要件に該当する会社は、就業規則を作成し、かつ届け出することを法的に義務づけられているのです。これに違反して就業規則を作成・届出をしないと、30万円以下の罰金が科せられます。

　なお、他社へ派遣労働者を派遣している派遣元の使用者については、派遣労働者とそれ以外の労働者を合わせて常時10人以上の労働者を使用している場合は、就業規則を作成し、届け出なければなりません。その場合は、派遣労働者とそれ以外の労働者の共通の就業規則を作成するか、それぞれ専用の就業規則を作成するか、どちらでも差し支えないとされています。

▶ 3種類の記載事項がある

　労働基準法によると、就業規則に必ず明記しなければならない事項を「絶対的必要記載事項」といい、会社に定めを置く場合は記載しなければならない事項を「相対的必要記載事項」といいます。また、これらの

必要的記載事項の他に、就業規則への記載するかどうかは会社の任意である「任意的記載事項」もあります。

　以下では、具体的な記載事項について見ていきましょう。

① 絶対的必要記載事項

　就業規則に必ず記載しなければならない事項で、そのうちの一つでも記載がないと30万円以下の罰金という刑事罰が科されます（労働基準法120条1号）。ただし、絶対的必要記載事項が欠けていても、他の要件を備えている限り、就業規則としては有効になります。

・始業・終業の時刻、休憩時間、休日・休暇、労働者を2組以上に分けて交替に就業させる場合における就業時転換に関する事項

　「始業・終業の時刻」とされているため、労働時間として単に「1日8時間、週40時間」と定めているだけでは不十分です。「休憩時間」には、長さ・付与時刻・与え方など具体的に定めます。「休日」には、日数・与え方・振替え・代休などを定めます。「休日は週1回」とだけ規定すれば、法律上は曜日を特定しなくてもかまいませんが、「日曜日とする」など、できるだけ曜日を特定すべきです。「休暇」には、年次有給休暇、生理休暇、産前産後休業、育児休業・介護休業などの法律上の休暇や休業に加え、夏季休暇、年末年始休暇（休業）、慶弔休暇などの会社が任意に与える休暇や休業も含まれます。「就業時転換」は交替期日・交替順序などが内容になります。

・賃金の決定、計算・支払の方法、賃金の締切・支払の時期、昇給に関する事項

　「賃金」には、毎月・毎週などの定期に支払う賃金が含まれます。臨時の賃金などは相対的必要記載事項なので、ここでは除外されます。

・退職に関する事項

　「退職」に関する事項では、解雇・定年・契約期間の満了など、退職に関するすべての事項を記載しなければなりません。労使間で発生するトラブルの多くは解雇に関連しているため、解雇の基準や手続きについてはしっかりと規定を作る必要があります。とくに解雇については「解

雇の事由」まで明記が必要である点に注意が必要です。退職金に関する
事項は、相対的必要記載事項に含まれるためここでは除外されます。

② 相対的必要記載事項

　会社に何らかの定めを置く（制度を設ける）場合は、必ず就業規則に
記載しなければならない事項です。具体的には、以下の8項目が定めら
れています。これらの定めを新設する場合だけでなく、社内にすでに慣
行として存在する場合も、相対的必要記載事項として明記が求められます。

・退職手当の適用される労働者の範囲、退職手当の決定方法・計算方
　法・支払方法・支払時期に関する事項
・臨時の賃金等・最低賃金額に関する事項
・労働者に負担させる食費・作業用品その他に関する事項
・安全・衛生に関する事項
・職業訓練に関する事項
・災害補償・業務外の傷病扶助に関する事項
・表彰・懲戒の種類・程度に関する事項
・その事業場の労働者のすべてに適用される事項

③ 就業規則の任意的記載事項

　記載が任意とされているものです。たとえば、就業規則を定める目的
や趣旨、用語の定義、従業員の心得、会社の理念などが該当します。

▶ 就業規則が膨大になる場合は別規程を上手に活用する

　就業規則の本文とは別に、ある特定の事項だけをまとめて別途記載し
た別規程（社内規程）を作るという形をとる場合があります。この方法
により、その規程の目的がより明確になり、使用者・労働者双方が就業
規則の内容についての理解を深めることができます。細かい数字を示す
ような規定や、労働者ごとの違いが大きい規定については、別規程を設
ける方が効果的です。一般的に作成されている別規程としては、①パー
トタイム労働者・嘱託社員といった雇用形態ごとの就業規則、②賃金
（給与）規程、③育児・介護休業規程、④退職金規程、⑤福利厚生規程、

⑥通勤管理規程、⑦個人情報管理規程などがあります。別規程を新たに設ける場合には、就業規則の本文を定める場合と同様、法令に反しない内容となるよう注意するとともに、就業規則の本文や他の別規程との関係で矛盾が生じないように心がける必要があります。

　なお、各規程の末尾には、主管者（各規程を管理する責任者）、制定日、最終改正日、改廃状況を「附則」として記載しておくとよいでしょう。このような事項を記載しておくことで、「この規程はもう10年以上変更していないから、内容の見直しが必要になるのではないか」「最終改正日からすると、この規程は直近の法改正に対応していないのではないか」など、後日の規程の整備・見直しに役立てることができます。

■ 就業規則の記載事項

絶対的必要記載事項

労働時間等	始業・終業の時刻、休憩時間、休日・休暇、交替勤務の要領
賃　金	決定・計算・支払の方法、締切・支払の時期、昇給について
退　職	身分の喪失に関する事項…任意退職、解雇、定年など

相対的必要記載事項

退職手当	退職金・退職年金が適用となる労働者の範囲、決定・計算・支払方法・支払時期
臨時の賃金等	臨時の賃金等の支給条件と時期、最低賃金額
食事・作業用品などの負担	
安全・衛生	
職業訓練	
災害補償、業務外の傷病扶助	
表彰・懲戒	就業規則に規定しないと懲戒できない
その事業場の労働者すべてに適用する定めを作る場合は、その事項（たとえば、服務規律、配置転換・転勤・出向・転籍に関する事項）	

任意的記載事項

労働基準法に定められていない事項でも記載するのが望ましいもの企業の理念や目的、採用に関する事項、など

就業規則の作成手順

▶ まずは現状確認と必要な規定を洗い出す

　最初に、就業時間や賃金、賞与（ボーナス）、退職金など、労働条件に関する現状のルールの内容を確認することが必要になります。正社員・パートタイム労働者など、雇用形態によっても労働条件が異なるため、その点にも注意しながら洗い出します。

　現状のルールの洗い出し作業が終わったら、法令に照らし合わせて問題点がないかを確認し、改善の必要がある場合はどのような内容にするかを決定します。

　また、新たに追加したい労働条件や服務規律などのルールがあれば、その内容が法令に即しているかを検討する必要があります。この段階における内容の確認作業は、かなり気を遣います。とくに労働関係の法令は頻繁に改定されることから、その改定状況を逐一チェックするのは大変な作業です。そのため、長い目で見ると、社内で行うのではなく、社会保険労務士などの専門家に確認を依頼する方が時間を短縮することができます。方法としては、経営者が就業規則に盛り込みたいルールなどを洗い出し、それを専門家に確認してもらい、現在の法令に則した就業規則を作成してもらうというものです。専門家によって作成料金が異なるため、依頼する場合はまず見積りを出してもらうとよいでしょう。就業規則の作成を得意にしている専門家かどうかについても依頼する前に確認しておくとよいでしょう。

　内容の検討が終わったら、就業規則の書式にあてはめて原案を作成します。書式について法的な決まりはないため、会社ごとに自由に作成することができます。通常は、①総則、②採用、③服務、④労働時間、休憩、休日、⑤賃金、⑥退職、⑦安全および衛生、⑧教育訓練、⑨表彰お

よび懲戒、といった形で大枠を章立てし、法律と同様の「第○条」という条文の形式で作成することが多くなっています。

▶ 従業員側の意見を聴取する

　就業規則の作成時には、事業所の従業員の過半数で組織する労働組合（過半数組合）であるか、または過半数組合がなければ事業所の従業員の過半数を代表する者（過半数代表者）の意見を聴き、意見書を作成してもらうことが必要です。従業員側の意見を就業規則に反映させる場合は、原案の修正を行います。意見書は労働基準監督署への届出時に必要です（従業員側の同意を得る必要はありません）。

　以上、準備ができたら所轄の労働基準監督署へ届出を行い、全労働者に就業規則の周知を行うことで、一連の手続きは完了します。

▶ 就業規則の対象者を確認する

　事業所によっては、正社員、契約社員、パートタイム労働者、アルバイトなど、さまざまな雇用形態の従業員がいて、労働条件が異なる場合もあるため、その就業規則がどの労働者を対象とするのかを明確にすることが必要です。条文作成の際には、できるだけ簡潔明瞭な文章を心がける必要があります。読み方によって解釈が違ってくる文章では、せっかくの就業規則がトラブルの原因にもなりかねません。

■ 就業規則の作成手続と届出

会社は就業規則の原案を作成して従業員側に提示する
↓
従業員側が会社に意見書を提出する
↓
会社は就業規則と意見書を労働基準監督署に届け出る

就業規則を変更する場合の手続き

▶ 就業規則は常に見直しを求められる

就業規則はその事業所における行動の指針であり、経営者の個人的都合で簡単に変更できるようなものではありません。

労働基準法では、就業規則を変更した場合も、変更の都度、労働基準監督署へ届け出ることが必要です。変更の届出方法は、就業規則を作成する場合と同様です。

具体的には、常時10人以上の労働者を使用する会社では、次の手続きを行います。労働基準監督署へ届け出ることで、変更された就業規則が適用されます。

① 条文を変更した就業規則の文書や電子データを作成する

② 過半数組合（過半数組合がない場合は過半数代表者）の意見を聴き（意見聴取）、意見書を作成する

③ 変更後の就業規則と意見書を労働基準監督署へ提出する

しかし、度重なる法改正もさることながら、会社や労働者を取り巻く社会情勢や経済状況は日々変化をしています。たとえば、全国的な非正規雇用者数の増加などが挙げられます。定年退職後に継続雇用制度によって働く者や、育児・介護を行いながら働く者が増えたこともあって、パートタイム労働者や契約社員、嘱託社員などが増加傾向にあります。その他にも、在宅勤務などが注目されており、就労者の雇用形態は多様化しています。

社会の実態に沿わない「時代遅れ」の就業規則は、経営効率の低下の要因にもなりかねません。そのため、常に最新の動向をチェックした上で随時見直しを行い、必要に応じて変更を加え、より充実した就業規則に育てていく必要があります。

▶ 労働条件を不利益に変更する場合の注意点

　就業規則を変更する場合、過半数組合（過半数組合がない場合は過半数代表者）の意見を聴き、意見書を添付すれば足ります。ここで注意すべきことは、合意が必要なわけではなく、あくまで「意見を聴けばよい」ということです。極端な話、使用者は、労働者の合意を得なくても、就業規則を変更することができるのです。

　しかし、就業規則の変更が労働者に不利益になる場合は、労働者と合意をすることなく、就業規則を変更することはできないのが原則です（労働契約法9条）。そのため、意見を聴くだけでは足りず、労働契約の「労使対等の原則」に従って、労働者の合意が得られなければ変更できないよう定められています。

　この規定を反対に解釈すると、労働者に有利に就業規則を変更する場合は、合意は必要なく、単に意見を聴けばよいことになります。それだけで労働者の保護としては十分だと考えられるためです。

▶ 労働者の合意を得ずに就業規則の不利益変更ができるケース

　前述したように、就業規則の変更により労働条件を不利益に変更する場合は、労働者との合意を必要とするのが原則ですが、一定の要件を満たせば、労働者との合意がなくても、就業規則の変更による労働条件の不利益変更が可能になります（労働契約法10条）。

　労働者との合意を得ずに、就業規則の変更により労働条件を不利益に変更するためには、変更後の就業規則を労働者に周知させる（全員に知らせる）ことが必要です。さらに、変更後の就業規則の内容が、労働者の受ける不利益の程度、労働条件の変更の必要性、変更後の就業規則の内容の相当性、労働組合との交渉の状況などの事情に照らして「合理的」なものでなければなりません。

　このような要件を満たすのであれば、労働者を不当に不利にする就業規則の変更とはいえないため、労働者との合意を得ずに、就業規則の変更による労働条件の不利益変更が可能とされています。

▶ 就業規則届や意見書を届け出る

　会社が就業規則を作成・変更する場合には、労働基準監督署に届出をする必要があります。

書式1　就業規則変更届

　従業員常時10人以上の会社は就業規則の作成義務があります。しかし、ただ作成すればよいわけではありません。就業規則の作成段階では、必要に応じて労働者の意見を反映させる必要があります。具体的には、労働者の過半数で組織する労働組合（過半数で組織する労働組合がない場合は過半数を代表する労働者）の意見を聴取します。また、作成した就業規則については、労働者全員に周知するとともに、労働基準監督署への届出が必要です。以上の手続きは、最初に就業規則を作成した場合に加え、就業規則を変更するたびに必要とされます。

　なお、労働基準監督署に届け出る際は、正副2部の就業規則を作成します。そのうち一部（正本）は労働基準監督署に提出し、副本の方は受理印をもらい、会社に就業規則原本として保管します。郵送の場合は、切手を貼り付けた返信用封筒を同封するとよいでしょう。

書式2　意見書

　就業規則の作成または変更の際に、事業所の労働者の過半数で組織する労働組合（そのような過半数組合がない場合は事業所の労働者の過半数を代表する労働者）の意見を聴き、就業規則に添付した上で労働基準監督署に届出する書類です。この「意見を聴く」ことの解釈には「同意する」ことまでは要求されていないため、反対意見が付されていても差し支えありません。ただし、労働者の意見を聴くことができる貴重な機会で出た意見を何も対応せずにそのまま届け出ることは、後々のトラブルに発展する可能性もあり、慎重に対応することが求められます。会社が一方的に変更するのではなく、労働者の意見を踏まえて対応していくことで、労使双方が求める就業規則となります。

書式1　就業規則変更届

就業規則（変更）届

令和 ○ 年 11 月 2 日

<u>　　　大田　　　</u>労働基準監督署長　殿

　今回、別添のとおり当社の就業規則と嘱託社員規程を制定・変更いたしましたので、意見書を添えて提出します。

主な変更事項

条文	改　正　前	改　正　後
社員就業規則 第53条 （時間単位の 年次有給休暇）	(3)　時間単位年休は、2時間単位で付与する。	(3)　時間単位年休は、<u>1時間単位</u>で付与する。
嘱託社員規程 第21条 （退職金）	嘱託社員に対しては、退職金は支給しない。	嘱託社員に対しては、<u>原則として</u>退職金は支給しない。ただし、会社に対して特に功労のあった者については、退職慰労金として支給することがある。

労働保険番号	都道府県	所轄	管轄	基　幹　番　号						枝　番　号		被一括事業番号			
	0	0	0	0	0	0	0	0	0	0	0	0			

ふりがな　　たまりばーかぶしきがいしゃ
事 業 場 名　**多摩リバー株式会社**

所　在　地　**東京都大田区東多摩川1-2-1** TEL 03-○○○○-○○○○

使用者職氏名　**代表取締役社長　川崎　一男**

業種・労働者数　**小売業**　　企業全体　**83**　人　事業場のみ　**20**　人

前回届出から名称変更があれば旧名称
また、住所変更もあれば旧住所を記入。

意　見　書

令和 ○ 年　10 月　30 日

多摩リバー株式会社
代表取締役社長　川崎　一男 殿

　令和 ○ 年10月20日付をもって意見を求められた就業規則変更案について、下記のとおり

意見を提出します。

記

対象となる規程
　1. 社員就業規則
　2. 嘱託社員規程

上記規程の変更につき、まったく異議はなく、同意いたします。

　なお、1については、正規社員を集め意見聴取をし、2については、
嘱託社員を集め意見聴取をしましたが、異論は出ませんでした。

以上

労働組合の名称又は労働者の過半数を代表する者の
労働者の過半数を代表する者の選出方法（

職名　一般事務職
氏名　従業員代表　品川　二郎
　従業員の互選により選出　　　　　　）

第 1 章

就業規則の規定例と
作成ポイント

前文・総則

(前文)

　この就業規則（以下「規則」という）は、○○株式会社（以下「会社」という）および従業員が相互に信頼関係を形成し、会社は経営および人事全般に関し責任をもってこれを行うとともに従業員の人格を尊重して規則を運用することにより、従業員は規則を誠実に遵守し明朗な職場を作ることにより、両者が相互に協力して社業の健全なる発展に努めるために定めたものである。

第1章　総則

第1条（目的）　規則は、労働基準法第89条に基づき、会社の秩序を維持し、会社の業務の円滑な運営を期すため、従業員の就業に関する労働条件および服務規律を定めるものである。

2　規則に定めた事項の他、就業に関する事項については、労基法その他の法令の定めによる。

第2条（従業員の定義）　従業員とは、会社との間で雇用契約を締結した者であって、会社の業務に従事する下記の者の総称をいう。

　(1)　正社員

　　　契約社員、嘱託社員、パートタイム労働者、アルバイト以外の従業員であって、所定労働時間を就労することができ、会社の目的を遂行するために、直接担当業務だけでなく、周辺業務を含めた職責を全うすることができる立場の者

　(2)　契約社員

　　　期間の定めのある雇用契約を締結した従業員であって、所定労働

　　時間を就労することができ、正社員とは異なる労働条件で雇用され
　　た者
　⑶　嘱託社員
　　　定年退職後に期間の定めのある雇用契約を締結して継続雇用され
　　た従業員
　⑷　パートタイム労働者、アルバイト
　　　正社員、契約社員、嘱託社員とは異なる個別の雇用契約を締結し
　　た従業員であって、賃金が時間給または日当で支払われる者
第3条（適用範囲）　規則は、次章「第1節　採用」で定める手続により
　採用された従業員に適用する。ただし、契約社員、嘱託社員、パート
　タイム労働者、アルバイトの就業に必要な事項については、別に定め
　るところによる。
第4条（規則の遵守）　会社は規則に基づく労働条件により従業員を就業
　させる義務を負い、従業員は規則を遵守する義務を負い、両者は相互
　に協力して会社の発展に努めなければならない。
第5条（秘密保持）　従業員は、会社の業務または他の従業員の身上に
　関し、その職務上知り得た事項については、会社の在職中だけでなく、
　会社の退職後であっても、みだりに開示してはならない。

ポイント解説

「前文」

　前文とは、法令や就業規則などの各条項の前に置かれた文章のことで
す。就業規則の前文には、会社の精神や就業規則の基本原則などについ
て記載されています。たとえば、就業規則を制定するにいたった経緯や、
会社が従業員に期待する姿勢の他、会社経営の方向性や経営理念などを
記載し、従業員が就業規則を遵守し、誠意を持って仕事に向き合えるよ
うに啓発する内容が多くなっています。
　就業規則の前文は、必ずしも定めなければならないものではなく、こ

れを制定する経営者の判断で自由に決めることができます。たとえば、会社設立の経緯や創業者の教訓など、経営者として従業員に知っておいてほしいことや、心得ていてほしいことなどを自由に定めることもできます。本例では、一般的で差し障りのない表現を用いていますが、前文は最も自由度が高い部分であって、オリジナリティを強く出すことができる部分だといえます。経営者の会社に対する熱い想いを前面に出したものであってもかまいません。

　しかし、あまりにも独善的にすぎる内容や、精神論を前面に押し出している内容、宗教的な色合いが濃い内容などは、従業員から反感を買うこともあるため注意が必要です。

　なお、就業規則の前文には、会社の経営理念を明確にするために、「製品を通じて社会に貢献することを社是とし」など、社是を定めることもあります。このような経営理念は、従業員の一体感や意識を高める上で重要な意味を持ちますが、会社経営の実態に見合わない社是を形式的に定める必要はありません。

▐▌ 総則には原則的事項を記載する

　就業規則全体の土台となる原則的事項を定めるのが総則です。とくに就業規則を読む中で、わからない用語がある場合に、総則を見ればわかるように用語の定義（意味）などを記載しておくと効果的です。本例では、従業員の定義について詳しく説明しています。

▐▌ 「目的」

　就業規則の作成目的は、経営者によって千差万別です。たとえば、①リスク管理、②経営効率の向上、③使用者と従業員との認識の共有が挙げられます。就業規則の目的には、就業規則が何を表すものか、何をめざして作られたのかなどを明確にするとともに、就業規則に記載していない事項は法令に準拠することなどを記載します。

▌「従業員の定義」「適用範囲」

　就業規則などのルールを定める際には、そのルールの適用を受けるのが誰なのかを明確に定めることが重要です。

　就業規則の場合、その適用を受けるのは会社に雇用されている従業員（労働者）ですが、従業員は一律に同じ労働条件で雇用されているわけではなく、労働時間・賃金・転勤・責任などの面で、個々に違いがあります。また、どのような労働条件の人を何と呼ぶべきであるのかということを、法令が明確に決めているわけではありません。

　そこで、使用者と従業員との間で認識のずれが生じないように、就業規則で「従業員」の定義づけをする必要があります。類似した労働条件の従業員ごとに、正社員、契約社員、嘱託社員、パートタイム労働者（パートタイマー）、アルバイトといった名称を使用することが多いようです。条文ごとに適用対象となる従業員が異なる場合は、そのことも明記しておくことも必要です。

▌「規則遵守の義務」

　就業規則がある以上、それを遵守することは、会社に雇用されている従業員に課せられた義務です。その上で、あえて就業規則に記載することにより、従業員の自覚を促します。

▌「秘密保持」

　従業員が重要データの持ち出しや社内情報の不正利用をしないように、就業規則に秘密保持の項目を記載することで、それらの抑止につなげます。また、秘密保持の項目に関しては、服務規律の一つとして記載することもあります。さらに、違反者には懲戒処分を行うことを検討する必要もあります。在職中はもちろん退職後も情報漏洩のリスクは残るため、従業員と入社時に交わす契約書類とともに、誓約書にサインしてもらうこともトラブル防止になります。

2 人事

第2章　人事

第1節　採用

第6条（採用）　会社は、就職を希望する者の中から選考試験に合格し、所定の手続きを経た者を従業員として採用する。

第7条（採用時の提出書類）　会社に採用された従業員は、初出勤日において、以下の書類を会社に提出しなければならない。

(1)　履歴書（提出日の前3か月以内の本人写真添付のもの）

(2)　住民票記載事項証明書

(3)　健康診断書（提出日の前3か月以内のもの）

(4)　源泉徴収票（暦年内に前職のある者に限る）、給与所得者の扶養控除等申告書

(5)　年金手帳、雇用保険被保険者証（所持者に限る）

(6)　身元保証書

(7)　誓約書

(8)　必要により、運転免許証、資格証明書、学業成績証明書、卒業証明書（証明書の種類によっては、写しでよい）

(9)　個人番号を証明する書類の写し（会社から指示があるときは、扶養家族の個人番号を証明する書類の写しも併せて提出）

(10)　その他会社が必要と認めたもの

2　従業員は、初出勤日において、前項各号に掲げた書類を会社に提出できないときは、その事由書を添えて提出予定日を会社に届け出なければならない。

3　従業員は、第1項各号に掲げた書類の記載事項に変更を生じたときは、変更後1か月以内に書面で会社に届け出なければならない。

第8条（身元保証人）　身元保証書の保証人は、日本在住の独立の生計

を営む成年者で、会社が適当と認める者2名とする。

2　身元保証人の保証期間は5年とする。

第9条（労働条件の明示）　会社は、従業員との雇用契約の締結に際し、採用時の賃金、就業場所、従事する業務、労働時間、休日、その他の労働条件を明らかにするための雇用契約書を交付する。

第10条（試用期間）　従業員として新たに採用した者については、採用の日から3か月間の試用期間を設ける。ただし、特別の技能または経験を有する者には試用期間を設けないことがある。

2　前項の試用期間は、会社が必要と認めた場合は、3か月を超えない範囲で延長することがある。

3　試用期間中または試用期間満了の際、引き続き従業員として勤務させることが不適当と認めた者については、本採用は行わない。この場合は、本章「第6節　解雇」の手続きによる。

4　試用期間満了後、引き続き雇用された者の試用期間は、勤続年数に通算する。

第2節　教育

第11条（教育）　会社は、従業員の技能、知識、教養を向上させるために、採用時だけでなく必要に応じて、教育を行い、または社外の教育に参加させることがある。

第3節　異動

第12条（人事異動）　会社は、業務上必要がある場合は、従業員に異動（配置転換、転勤、出向）を命ずることがある。

2　前項の命令を受けた従業員は、これを拒むことができない。ただし、正当な理由がある場合は、この限りでない。

3　会社は、従業員に出向を命ずるにあたっては、当該命令の対象となる従業員に対し、事前に、その目的、出向先の業務内容、労働条件等を明示するものとする。

4　第1項の命令を受けた従業員は、会社が指定した日までに業務を引き継いで、新たな業務に就かなければならない。

5　会社は、従業員の勤務成績などを考慮して、毎年4月に従業員の昇格を行うことがある。ただし、会社の業績などの事情により、昇格を

行わないこともある。

6　会社は、従業員に勤務成績不良などの業務不適格の事由がある場合には、降格を命ずることがある。

7　会社は、業務上の都合により、従業員を昇進または降職させることができる。この場合、正当な理由がない限り、従業員はこれを拒むことができない。

ポイント解説

■「採用」

　従業員（労働者）の採用は、会社が求人募集を出し、求職中の者が会社に応募し、応募者の中から会社が選考して内定を出す、という流れで行われるのが一般的です。就業規則では、採用までの流れや会社の採用に対する姿勢などを大まかに記載しておきます。採用時に性別によって取扱いに差をつけること（合理的な理由がないのに従業員の身長・体重・体力の要件を設けるような間接差別を含む）は、男女雇用機会均等法違反になるため注意が必要です。

■「内定の取消し」

　応募者の中から会社が選考して採用を決定することを「内定」といいます。いったん決めた内定を取り消すこと（内定取消し）は、内定を得た人（内定者）との間でトラブルになるため、就業規則で内定取消しの条件を詳細に記載しておくとよいでしょう。内定取消しは解雇に相当するため、合理的な理由があり社会通念上相当と認められる場合でなければ無効です。また、本例のように就業規則で定めない場合を含め、内定者に交付する内定通知書などに、内定取消しの条件を詳細に記載しておくことが重要です。たとえ就業規則で定めても、その内容を内定者が知り得ないことが多いからです。

　なお、職業安定法においても、内定取消しに対する規制が強化されています。たとえば、新卒学生の内定取消しを行う場合は、公共職業安定所（ハローワーク）へ通知しなければなりません。また、新卒学生に限らず、内定取消しの対象者が多い場合や、理由の説明が不十分な場合などは、会社名が公表される可能性があります。

▌「採用時の提出書類」

　内定者には、本人確認をするための書類や、保有資格・経歴・職歴を把握するための書類などを提出してもらいます。就業規則では、提出を必要とする書類を明示しておきます。提出を求める書類の例として、おもに以下のものが挙げられます。

　なお、会社としては、各種の手続きや把握しておくべき情報があるために書類の提出を求めているため、書類の提出は業務命令の一種にあたります。就業規則には、書類の提出をしない場合に本採用を拒否することを明記するケースもあります。

①　住民票記載事項証明書

　住民票記載事項証明書とは、住民票の記載事項のうち一部または全部を抜粋し、その事項が住民票記載のものと相違ないことを証明するものです。会社が、本人確認とともに、居住地や同居者の情報を把握することが目的です。通勤手当・住居手当・家族手当などを支給する際の証明書類にもなります。

②　身元保証書・誓約書

　身元保証書には、内定者の身元を証明することに加え、内定者が不正を働いて会社に損害を与えた場合に賠償金を支払ってくれる人を確保しておく意味があります。誓約書は、就業規則の遵守や損害賠償の責任などを記載して自署を求めます。いずれも、誠実に業務に従事するという心構えを確かなものにするために提出を求める書類です。

③　社会保険に関する書類

　健康保険、厚生年金保険、雇用保険、労災保険の手続きをする上で必

要になる書類（年金手帳、雇用保険被保険者証など）です。

④ **税金に関する書類**

　源泉徴収票は所得税を給与から徴収する場合に必要な書類、給与所得者等の扶養控除等申告書は年末調整に必要な書類です。

⑤ **資格等証明書**

　学校卒業や資格を採用条件とする場合には、それを証明する卒業証明書や免許証などを提出してもらいます。とくに業務をするのに必要な学校卒業や資格はしっかりと確認することが必要です。

⑥ **個人番号（マイナンバー）を証明する書類**

　源泉徴収票や健康保険被保険者資格取得届などに、従業員やその扶養家族の個人番号を記載する必要があるため、個人番号カードの写しなどを提出してもらいます。扶養家族の個人番号を証明する書類は、従業員の入社後、必要となる時期に提出を求めてもよいでしょう。

▌「雇用契約書の締結」

　労働基準法によると、会社が従業員を雇い入れるに際し、従業員に労働条件の明示を行うことが義務づけられています。従業員への雇用契約書の交付は、この義務を果たすための措置です。

▌「身元保証人」

　身元保証人は、従業員の身元を証明し、本人に代わって損害賠償責任を負う人です。したがって、経済的に安定し、社会的信用のある人を身元保証人にするように求めます。新卒者の場合は、両親など身近な年長者を身元保証人にすることが多いようです。身元保証に関する法律によると、保証期間の定めのない場合は3年、定めのある場合は5年が上限です（5年を上限とするの更新は可能）。会社の実態に合わせて、保証期間の規定を設けるかどうかを検討しましょう。

▌「試用期間」

　採用試験の際に面接を繰り返しても、業務で能力を発揮できるか、他の従業員と協力して業務を遂行できるか、ということは、入社後に業務を開始しないとわからない部分が多々あります。そこで、就業規則に一定の期間（1〜6か月程度が一般的）を「試用期間」として定めた上で、その期間中の仕事ぶりや健康状態、勤怠状況などから、会社への適性を判断する方法をとるのが一般的です。

　ただし、会社が不適格と判断して、試用期間中に本採用を拒否することは解雇にあたりますので、合理的な理由があり、社会通念上相当と認められる場合でなければ無効です。また、勤務開始日から14日を経過すると、試用期間中であっても、本採用の拒否の際に解雇予告に関する労働基準法の規制が及ぶことに注意を要します。

▌「教育（研修）」

　従業員を採用すると、会社は、就業規則をはじめとする会社独自のルールや業務の内容、新卒者には電話の取り方や来客の応対といった社会人としての立ち居振る舞いまで、会社の従業員として身につけておくべきさまざまな事項を教育（研修）することになります。

　従業員を教育するおもな目的は、会社の業績アップや、従業員の技術・能力を向上させるためです。従業員への教育の種類として、OJT（On the Job Training）、OFF-JT（Off the Job Training）、自己啓発などがあります。一般的に採用されている教育の方法はOJTです。その他の教育はOJTの補助として行われることが多くなっています。

　教育は新人だけに行うものではなく、一定の技術・能力が形成された後も継続的に行うことが重要です（管理職研修など）。そこで、就業規則には、採用時以外にも、必要に応じて従業員に対する教育を実施することを記載します。

▌「人事異動」

　人にはそれぞれ仕事の適性や得意分野があるため、もっとも適性のある分野で会社のために能力を発揮してもらうことが重要です（適材適所）。また、組織の活性化や、業務・取引先の俗人化を防止するなどの目的で、定期的に人事異動を行うこともあります。

　人事異動は原則として会社の自由であり、異動命令を受けた従業員は、ⓐ雇用契約の締結時に「異動をしない」という特約を盛り込んでいる、ⓑ重病や障害を抱える家族がいて住居を移転できない、といった特別の事情がない限り、これに従わなければなりません。

　就業規則に人事異動に関する規定を設けておくことで、雇用契約を締結する段階で従業員の承認を得たものと扱うことができます。人事異動に関する規定には、異動命令に従わなかった場合の懲戒、異動命令が発せられた後に行うべきことなどを記載します。

　人事異動には、次のような種類があります。

①　配置換え

　同じ会社内、同じ部署内、同じ事業所内など、比較的狭い範囲で行われる異動です。仕事の範囲や内容が変わることがあります。

②　転勤

　同じ会社内でも違う地域の事業所に異動することです。とくに大企業では国内だけでなく、海外への転勤もあります。転勤を命じる際には、従業員が納得できるような業務上の必要性が認められるとともに、従業員にムリを強いるような異動になっていないことが要求されます。従業員の転勤は家族の事情などが大きく影響する異動ですから、慎重な検討が必要です。

③　出向

　顧客先や子会社など、他の会社（出向先）で業務を行い、指揮命令は出向先が行う形態です。出向には、従業員としての籍を会社に置いたまま出向する場合（在籍出向）と、会社を退職して出向先の従業員になる場合（転籍出向）があります。とくに転籍出向は雇用先の変更を伴うた

め、必ず従業員の同意を得ることが必要です。

「昇格・降格」

　現在の雇用制度の主流は、勤続年数の長さに応じて、自動的に会社内での役職や地位が上昇するのではなく、原則として、勤務成績に応じて、役職・地位の上昇あるいは下降する制度です。これにより、従業員同士の競争意識を高めるとともに、業務の効率化をめざす意図があります。そのため、就業規則に従業員の役職や地位の移動、つまり昇格や降格に関する規定を設ける必要があります。

① 昇格

　昇格とは、職能資格制度における従業員の資格等級の上昇のことです。職能資格制度は、すべての従業員の職務遂行能力の発揮度や伸長度によって格差を設けた賃金の序列です。つまり、昇格は賃金との関連性が大きく、昇格に伴って従業員の基本給は上昇します。

　昇格を行うか否かの判断については、会社に広い裁量が認められています。昇格の時期についても厳格なルールがあるわけではありませんが、多くの会社では、年度の切り替わる時期（4月など）に、従業員の昇格の有無を判断する場合が多いようです。そのため、就業規則には、従業員の勤務成績などを基準に、会社が昇給の有無を判断することと、昇格の時期について明示しておく必要があります。

② 降格

　降格とは、職能資格制度における従業員の資格等級の低下のことです。役職の低下を指して降格の用語が使われる場合もありますが、本例では、役職の低下について「降職」の用語を使うことで、降格とは区別しています。

　降格は、基本給の低下をもたらすため、従業員に与える影響が大きいといえます。そのため、降格を行う際には、従業員の同意の下に行うことが望ましいといえます。そこで、就業規則には、会社の判断によって降格ができることを明示しておくとともに、勤務成績の低下など、従業

員の降格をもたらす客観的な判断基準についても明示しておくことが必要です。

③ 昇進・降職

昇進とは、役職制度において、部長、課長、係長など、組織のピラミッドにおいて上位の役職に進むことです。つまり、会社での自分のポジションが上がることを意味します。

昇進は、会社内の組織の指揮命令の序列を決めるもので、会社経営を大きく左右します。また、供給ポスト（従業員に与える役職）にも限りがあります。したがって、従業員を昇進させるか否かの判断は、人事権の行使として会社に広い裁量があります。ただし、恣意的な判断が許されるわけではなく、男女雇用機会均等法（性別を理由とする差別的取扱いの禁止）、労働組合法（組合員であることを理由とする不利益取扱いの禁止）などによる一定の制約があります（この点は降職にもあてはまります）。

なお、従業員は、昇進による役職の上昇に伴い、業務上の責任が重くなるのが通常です。そのため、会社が従業員の昇進を決定した場合であっても、その従業員が昇進決定を受け入れたがらない場合も少なくありません。そこで、就業規則において、昇進決定について「正当な理由がない限り、従業員は昇進決定を拒否できない」と規定しておくことが重要です。

これに対し、降職とは、従業員の役職の低下を指します。基本給の低下を伴う降格とは異なり、会社が職務成績などに基づき評価を行った上で、従業員をどの役職に位置づけて雇用するのかは、会社の広い裁量が認められる事項です。就業規則においては、降職を行うことができることと、会社の降職決定に対し、従業員が異議を唱えることは基本的にできないことを明示しておくとよいでしょう。

3 休職・退職・解雇

〈第2章　人事　つづき〉

第4節　休職

第13条（休職）　会社は、従業員が下記の各号の一に該当する場合には、休職を命ずることがある。ただし、第1号に該当する場合で、回復の見込みが全くないときはこの限りではない。

(1)　業務外の傷病による欠勤が連続1か月以上（欠勤中の休日も含む）にわたったとき。ただし、先行する私傷病欠勤の途中において、他の私傷病が発生した場合であっても、欠勤の起算日は変更せず通算する。また、同一または類似する傷病を理由とする休職は1回限りとする。

(2)　私事により、本人からの申請により会社が認めたとき。

(3)　公の職務に就き、業務に支障があるとき。

(4)　会社の命令により出向をしたとき。

(5)　前各号の他、特別の事情があって、会社が休職をさせることを必要と認めたとき。

2　前項による休職の欠勤開始日は、下記の各号の通りとする。

(1)　前項第1号の場合　欠勤期間が1か月に達した日の翌日

(2)　前項第2号から5号までの場合　会社が指定した日

第14条（休職期間）　休職期間は、下記の通りとする。ただし、第1号の場合で、会社がとくに必要と認めたときは、休職期間を延長することがある。

(1)　前条第1項第1号の場合

勤続5年未満　1か月

勤続5年以上10年未満　3か月

勤続10年以上　6か月

(2)　前条第1項第2号から5号までの場合

勤続年数を問わず、その必要な範囲で、会社の認める期間

第15条（休職期間中の取扱い） 休職期間中、賃金は支給しない。ただし、特別の事情があるときはこの限りではない。

2　休職期間中の従業員は、毎月1回以上現在の状況を会社へ報告しなければならない。

3　社会保険料、住民税その他従業員が負担すべきものは、毎月○日までに会社に支払うものとする。

4　休職期間中に一時出勤した場合であっても、1か月以内に同じ理由で欠勤するようになったときは、休職期間の中断は行わない。

5　休職期間満了後においても休職事由が消滅しない従業員は、当該満了の日をもって退職とする。

6　休職期間は、勤続年数に算入しない。ただし、特別の事情がある場合はこの限りではない。

第16条（復職） 従業員は、休職事由が消滅した場合には、速やかにその旨を会社に通知し、必要があるときは診断書を添付して、復職願を提出しなければならない。ただし、第13条第1項第1号の事由による休職の場合、会社は、従業員に対し、会社が指定した医療機関で受診させることができ、その結果によって復職の是非を判断することができる。従業員は、正当な理由なく、この受診を拒否することはできないものとする。

2　従業員の復職に際しては、旧業務に復職させることを原則とするが、旧業務に復帰させることが困難な場合、または不適当と認められる場合には、当該従業員の業務提供状況に応じて異なる業務に配置することがある。この場合、労働条件の変更および役職の変更等を伴うことがある。

3　会社は、復職後1か月以内に同一または類似の理由で通算して4労働日欠勤またはそれに準ずる状態になった従業員に対し、再度休職を命じることができる。この場合、休職期間は前回の休職期間と通算する。

第5節　退職

第17条（退職） 従業員が下記の各号の一に該当する場合には、当該事由の発生した日をもって退職とする。

⑴　死亡したとき

⑵　期間を定めて雇用した者の雇用期間が満了したとき

⑶　自己の都合により退職を申し出て会社の承認があったとき

(4)　休職期間満了後においても休職事由が消滅しないとき

(5)　無断欠勤が連続5労働日に及んだとき

(6)　会社の取締役その他の役員に就任したとき

(7)　定年に達したとき

2　退職する従業員は、退職日までに、業務の引継ぎその他会社から指示された業務等を終了し、かつ、貸与されているまたは保管している金品および書類等の一切を会社に返納しなければならない。これに違反した場合、会社は、退職金の全部または一部を支給しないことがある。

第18条（定年退職）　従業員の定年は満60歳とし、定年年齢に達した日の直後の賃金締切日をもって退職とする。

2　会社は、前項による定年到達者が引き続き勤務を希望し、その者が解雇事由または退職事由に該当しない場合には、希望者全員を1年以内の期間を定めた契約更新制により、嘱託社員として満65歳の誕生日が含まれる賃金締切日まで再雇用する。ただし、以下の各号に示す特例期間は、各号に定める年齢に達する誕生日の賃金締切日まで再雇用する。

(1)　2019年4月1日から2022年3月31日までに満60歳に達する場合
満63歳

(2)　2022年4月1日から2025年3月31日までに満60歳に達する場合
満64歳

3　会社は、前項各号で示す上限年齢を超えた者が引き続き勤務を希望し、その者が解雇事由または退職事由に該当しない場合には、2013年3月31日に締結した「継続雇用に関する労使協定書」の定めるところにより、次の各号に掲げる基準をすべて満たす者に限り、1年以内の期間を定めた契約更新制による嘱託社員として、満65歳の誕生日が含まれる賃金締切日までを限度に再雇用する。

(1)　継続雇用を希望し、意欲がある者

(2)　直近の健康診断において、業務遂行に問題がないとされる者

(3)　職場の配置転換、短時間勤務に応じられる者

4　嘱託社員として再雇用するにあたっては、賃金、勤務時間その他の労働条件を見直し、個別に雇用契約を締結するものとする。

5　満65歳以上の従業員についても、会社が必要と認める場合は、改め

て嘱託社員として再び雇用することがある。

6　再雇用後の従業員の労働条件等については、「嘱託社員規程」に定めるところによる。

第19条（自己都合による退職）　自己都合による退職を希望する従業員は、少なくとも30日前までに、総務部長を通して代表取締役社長宛てに、退職届を提出しなければならない。

2　自己都合による退職を希望する従業員は、以下の各号の定めを遵守しなければならない。

(1)　退職の日までに、従前の業務について後任者への引継ぎを完了するために、少なくとも退職日よりさかのぼって2週間は現実に勤務しなければならない。

(2)　退職の日までに、守秘義務および競業避止義務に関する所定の宣誓書を会社に提出しなければならない。

3　会社は、退職の日までに、前項第1号の業務の引継ぎまたは前項第2号の宣誓書の提出が完了する見込みが立たない場合には、状況に応じて懲戒処分を行うことがある。

第20条（退職後の証明）　かつて従業員であったがすでに退職した者は、退職後も、在職期間、賃金、地位、業務の種類、退職事由（解雇の理由を含む）に関する証明書の発行を会社に請求することができる。

2　前項の定めにかかわらず、第22条の解雇予告を受けた従業員は、退職前であっても、解雇の理由に関する証明書の発行を会社に請求することができる。

第6節　解雇

第21条（解雇事由）　従業員は、次の各項の事由に該当する場合は解雇する。

(1)　身体または精神の障害により、業務に耐えられないとき

(2)　勤務成績または業務効率が著しく不良で、向上の見込みがなく、他の業務にも転換できない等就業に適さないとき

(3)　会社内において、会社の許可を受けず演説、文書の配布もしくは掲示またはこれに類する行為をしたとき

(4)　会社内において、明らかに一党一宗に偏した政治活動または宗教活動を行ったとき

(5)　事業の縮小等やむを得ない業務上の都合により必要性のあるとき

(6)　事業の運営上やむを得ない事情または天災事変その他これに準ずるやむを得ない事情により、事業の継続が不可能になったとき

(7)　試用期間中または試用期間満了時までに従業員として不適格であると認められたとき

(8)　「第3章　服務」の規定にしばしば違反するなど、勤務状況が著しく不良で、改善の見込みがなく、従業員としての職責を果たし得ないとき

(9)　懲戒解雇事由に該当したとき

(10)　その他前各号に準ずるやむを得ない事由があるとき

第22条（解雇の予告）　会社は、従業員を解雇するにあたっては、少なくとも30日前までにその予告をしなければならない。30日前までにその予告をしない場合は、30日分以上の平均賃金を支給しなければならない。

2　天災事変その他やむを得ない事由のために事業の継続が不可能となった場合、または、従業員の責めに帰すべき事由に基づいて解雇する場合で、当該事由につき所轄労働基準監督署長の認定を受けたときは、前項の規定を適用しない。

3　第1項の予告の日数は、1日について平均賃金を支払った場合においては、その日数分を短縮する。

第23条（解雇制限）　従業員が業務上の傷病により療養のために休業する期間およびその後30日間、ならびに女性従業員が出産のため休業する期間およびその後30日間は解雇しない。ただし、業務上の傷病または出産を理由としない解雇については、この限りではない。

ポイント解説

「休職」

従業員の長期の欠勤は解雇の理由にもなりますが、欠勤の事情が病気や事故などやむを得ないもので、その従業員が業務遂行上の重要な戦力になっている場合、そのまま解雇するのは会社にとっても損失です。こ

のため、多くの会社では「休職」の制度を作って雇用関係を継続しよう
としています。なお、業務を原因とするまたは通勤中における病気やケ
ガ（業務災害・通勤災害）による休業は、労災保険の適用範囲であり、
休職の対象となりません。おもな休職の対象は、労災保険の適用範囲外
である「業務外の傷病」（プライベートな理由による病気やケガで「私
傷病」ともいう）です。

　休職は法律が定める制度ではないため、各会社がそれぞれの事情で条
件を設定することができますが、多くの会社は勤続期間に応じて1か月
から数か月の休職を認めて、休職理由が消滅したときに復職を認めると
いう方法をとっています。

　休職理由として認められるおもな事由は、次のものがあります。
・業務外の傷病による長期欠勤が続いている場合
・資格取得や留学などの私的理由により長期休職を欲する場合
・議員に当選した、刑事事件により身柄を拘束されたなど、出勤ができ
　ない公的な理由がある場合
・自社の労働組合の専従職員になる場合
・会社の事情で休職を命じる場合
　会社は、自社として認めることができる休職理由を選別し、それを就
業規則に定めます。また、どの程度の期間の休職を認めるのか、休職中
は賃金を支払うのか、復職の際の手続きをどうするのか、休職期間を過
ぎても復職できない場合の扱いをどうするのか、などの詳細な内容も就
業規則に定め、休職を利用する従業員が発生した場合にトラブルが生じ
ないよう、入念に事前の準備をしておきましょう。

■「休職期間」

　休職中の従業員を抱える会社は、①休職期間中に新しい従業員を雇い
にくい、②経験の浅いパートタイム労働者やアルバイトでその穴を補わ
なければならない場合がある、③従業員が休職期間満了時に必ず復職す
るとは限らない、④復職した従業員が休職前と同等の業務をこなせるか

どうかわからない、などのリスクを負うことになります。そのため、休職期間の長さを十分に検討する必要があります。

　休職期間を設定する場合、ひな形就業規則の多くは、大企業向けの休職期間を記載しているので、中小企業の経営者などは注意が必要です。ひな形就業規則をそのまま使ったため、経営者の意図しない休職を認めざるを得なくなる可能性があります。休職はリスクを伴う制度です。導入する法令上の義務はありませんが、導入する場合は自社の体力にあった休職期間を考えて設定しましょう。休職期間は、勤続年数5年未満の従業員は1か月、5〜10年の従業員は3か月、10年以上の従業員は半年にするなど、在職期間や休職理由などによって上限を変えることも多くあります。なお、大企業では1年〜数年の休職期間を多く採用しています。

■■■「休職期間の取扱い」

　休職期間中、従業員に保証されるのは「会社の労働者」という身分です。それ以外の賃金、福利厚生制度の利用、勤続年数の計算などの扱いは、それぞれの会社の事情に応じて、就業規則に定めることができます。たとえば、賃金や賞与は「労働への対価」ですから、休職中は「労働」が提供されておらず、会社に賃金支払義務はないといえます。休職が従業員の身分を守るという会社からの恩恵的な意味合いが強いため、休職期間中は無給とするケースが多いです。なお、健康保険、厚生年金保険、雇用保険は休職期間中であっても加入しなければならないため、保険料の支払いをどのようにするかを決めておく必要があります。勤続年数についても、後の人事考課や有給休暇の日数を計算する際などに影響する事項であるため、休職期間を算入するかどうかを明確に示しておきます。

■■■「復職」

　休職事由の消滅などを受けて従業員が復職する場合、たとえば、留学など私的な理由による休職であれば、復職を認めることに大きな問題はないと思われます。しかし、病気やケガによる休職の場合、会社は医師

の診断書の提出を求めるなど、復職するのに支障がない程度に回復したのかを確認する必要があります。とくに精神疾患による休職については、復職に際して充分な配慮が必要です。

　その他、休職期間が長い場合は、社内の状況の変化や技術の進歩に対応できるかという懸念があるため、どの業務に復帰させるのか、教育（研修）を実施するのか、などを決めておきます。さらに、休職期間経過後も復職できない（休職事由が消滅しないとき）場合の処遇も就業規則で明確にします。本例では、休職期間経過後も休職事由が消滅しない従業員は「退職」と扱うことを明確にしています。

■■「退職・辞職・解雇の違い」

　労働契約が解消されるすべての場合を総称して「退職」といいます。したがって、辞職・解雇はいずれも退職の1つの形態です。

　辞職は、従業員が一方的に労働契約を解除することです。民法によれば、2週間前に申し出れば辞職が可能で（民法627条1項）、会社の承認は不要です。ただし、期間の定めのある労働契約の場合は、従業員に「やむを得ない事由」（天災事変など）があるか、会社の承認がなければなりません（民法628条）。これに対し、解雇とは、会社が一方的に労働契約を解除することです。解雇の申入れに対し従業員が同意した場合は、双方が合意して労働契約を解除することになり、合意退職とされる可能性があります。しかし、従業員が辞めたくない意思表示をしたにもかかわらず、それでも辞めてもらうと会社が判断すると「解雇」になります。

　解雇の手続きとして、会社は、30日以上前に解雇予告をしなければなりませんが、平均賃金の30日分以上の解雇予告手当を支払えば即日解雇をすることができます（労働基準法20条1項）。

■■「退職」

　雇用関係の終了である退職は、解雇や辞職の場合だけでなく、定年に達した場合（定年退職）、雇用期間が終了した場合（期間満了退職）に

生じることが多いといわれています。その他には、以下のような状況によっても退職として扱われます。

・従業員が退職を申し入れ、会社がこれを承諾した
・休職期間が終了しても、休職理由が消滅せず復職できない
・従業員本人が死亡した
・長期にわたって無断欠勤が続いている

　退職に関する事項は、労働基準法により就業規則に必ず記載すべき事項と規定されていますが、その内容は、法令や労働協約に反しない範囲で、それぞれの会社の事情に合わせて決めることができます。

▌「退職手続」

　従業員本人の死亡や無断欠勤が続いた場合は、退職の手続きができないため、その事象の発生をもって退職という取扱いとし、その後で退職手続を行います。たとえば「会社は、従業員の無断欠勤が連続5労働日を超えた場合は、その超えた時点で本人から退職の意思表示があったものとみなすことができる」といった、具体的な日付などを盛り込むことで、在職を引き延ばす事態を防ぐことができます。

　事前に退職日を決定できる場合は、いつまでに退職届を提出してもらうかを定めます。法律上は退職日の2週間前に申入れをすれば足ります（期間の定めのない労働契約の場合）。ただし、退職間近に有給休暇を消化するなどして業務の引継ぎが適切に行われないと、会社の業務運営に支障が生じかねません。そこで、就業規則において、業務の引継ぎが従業員の義務であることを明示するのが重要です。それにより、業務引継ぎという義務を従業員が怠ると、会社の従業員に対する損害賠償請求が認められる可能性が高くなります。また、退職の事務手続き、業務引継ぎ、新しい人材の雇用などの関係で、早急に退職の申入れを受けたい場合は、そのことを記載しておきます。たとえば、業務引継ぎなどの期間を逆算して、退職日の1か月前までに申し出るように定めておくことが考えられます。

　その他、退職にあたって、従業員に貸与していたり、従業員が保管し

ている会社の金品（名札、制服、パソコン、小口精算用の現金など）の
返却を求めることを就業規則に定めます。

■「定年」

　勤続年数などによる賃金の高額化や役職不足、加齢による健康面の不
安や仕事に対する気力・体力の低下に伴う能力面の低下などの問題を解
決するために、会社は定年制を設けることができます。

　高年齢者雇用安定法によると、定年の下限は「60歳」ですが、65歳未
満の高齢者（高年齢者）に対する雇用確保措置として、①65歳までの定
年の引上げ、②65歳までの継続雇用制度の導入、③定年制の廃止のいず
れかの方法をとることが義務づけられています。

　以前は、②の制度を導入する場合、労使協定により再雇用して継続雇
用する人材の基準（再雇用基準）を定めることができました。

　しかし、老齢厚生年金の支給開始年齢の段階的な引上げに伴い、平成
25年（2013年）４月施行の高年齢者雇用安定法の改正で、現在は労使協
定によって再雇用基準を定めることが禁止されています。労使協定によ
る再雇用基準の運用を認めると、再雇用基準に合致しない者は退職する
ため、定年から年金支給までの間の生活保障がなくなる（収入がなくな
る）からです。現在では、②の制度を導入する場合も、原則として65歳
未満の希望者全員の雇用を継続しなければなりません。

　ただし、法改正の経過措置として、令和７年（2025年）３月31日まで
は、年金の支給開始年齢以降の期間に限り、法改正前（平成25年３月末
日まで）に締結した労使協定で定めた再雇用基準を採用することが認め
られています。この経過措置を採用する場合は、労使協定とともに就業
規則への記載が必要です。また、平成25年（2013年）３月末日までに労
使協定を締結していたことが条件なので、新たに労使協定を締結して経
過措置の適用を受けることはできないことに注意を要します。

　以上から、②の制度を導入する場合、就業規則には、全員をいったん
再雇用した上で、65歳まで（経過措置の適用がある場合は年金支給開始

年齢まで）の期間は、定年（60歳）に到達した者のうち希望する者全員を再雇用することを記載します。ここでは「定年に到達した者が解雇事由または退職事由に該当しない場合」という一文を入れることが重要です。本来は会社を辞めなければならない人を無条件に再雇用しなくてよくなるからです。また、再雇用者の労働条件は、定年退職前と異なる内容で個別に設定できます。そのため、嘱託雇用のための規程（嘱託規程）を新たに設け、業務内容や就業時間、賃金などは嘱託規程により個別に定めるものとすれば、会社の事情に応じた内容で再雇用契約を締結することが可能です。

　なお、令和3年（2021年）4月施行の高年齢者雇用安定法改正で、65歳から70歳までの就業機会を確保するため、①70歳までの定年引上げ、②70歳までの継続雇用制度の導入、③定年制の廃止などのうち、いずれかの措置をとる努力義務が課せられています。したがって、70歳までの継続雇用に関する定めを就業規則に設けることも、今後の検討事項としておく必要があるといえるでしょう。

▌「自己都合退職による退職」

　自己都合退職については、事後のトラブル防止のため、従業員から退職届の提出を求めることを定めます。法律上は退職届の提出時期について定めはないものの、民法の規定（2週間前の申出）や労働基準法の解雇予告期間（30日）を考慮すると、退職届の提出を求めるのは1か月前位までが妥当といえます。

　また、従業員が退職の申出後に有給休暇を取得し、退職日までまったく出勤しないという事態も避けたいものです。会社としては代替要員の確保や業務引継ぎのための時間が必要であるため、正当な理由なく業務引継ぎを行わない者には退職金の不支給があることなどを定めて、極力業務への影響を抑えるようにするべきでしょう。

　さらに、退職後の個人情報や秘密情報の漏洩や不正利用を防ぐ必要があります。そこで、就業規則に秘密保持や競業禁止（退職者に対して同業他社への再就職を禁止すること）の定めを盛り込み、退職時に秘密保

持や競業禁止の宣誓書を提出させることで、退職後も秘密保持義務や競業避止義務が成立するとされています。ただし、不当に退職者を拘束する定めは無効となることがあるため、とくに競業禁止については退職時から数年程度の期間とするなどの配慮が必要です。

■「退職後の証明」

　従業員が退職後に転職先を探す際に、退職した会社での処遇についての証明書が必要になることがあります。労働基準法によると、元従業員が必要な証明書の発行を退職した会社に依頼した場合、その会社は、在職期間、賃金、地位、業務の種類、退職事由（解雇の理由を含む）について速やかに証明書を発行しなければなりません。

　就業規則では、これを基準として証明の請求ができることを記載しておくとよいでしょう。ただし、退職後の証明は元従業員の請求を受けて行うものであるとともに、請求されていない事項を記入することが禁止されていることに注意しなければなりません。

■「退職後の責任」

　退職後は、会社と従業員との間の雇用関係が解消されるため、従業員が退職後に元の会社に対して負う責任はありません。しかし、退職した従業員は元の会社で培った技術やノウハウ、顧客とのパイプなどを持っています。これを転職先の会社でオープンにされた場合、元の会社が損害を被ることになりかねません。そこで、情報漏洩を防止するため、就業規則で退職後の秘密保持を義務づけ、実際に損害が生じた場合には損害賠償請求する方法で対策をとることができます。

■「解雇事由」

　解雇とは、従業員の意思に関係なく、使用者が一方的に雇用関係を解消することです。従業員にしてみれば、会社側にやむを得ない事情があっても、労使間で深刻な争いが起こることも多いといえます。

労働契約法によると、解雇が有効と認められるには、客観的に合理的な理由があり、社会通念上相当であることが要求されます（解雇権濫用法理）。また、解雇の事由は就業規則の絶対的必要記載事項の一つなので、従業員がどのような場合に解雇されるのかを就業規則で明示することが必要です。解雇の事由として合理性・相当性が認められやすいものとして、おもに次の事項があります。

① **勤務状況が著しく不良であり今後も改善が見込めない**

具体的には、遅刻早退を繰り返す、業務命令に従わない、無断欠勤を繰り返す、他の従業員と協調しない、などが挙げられます。

② **心身の状態が業務に耐えられない**

病気や事故による身体または精神の障害が原因で、業務をこなすことができない場合です。

③ **業務遂行能力に問題があり今後も向上が見込めない**

試用期間中に業務への適応性がないと判断された場合や、長年にわたって業務に従事しながら一向にその業務を遂行できず、会社に損失を与える場合などが考えられます。

④ **会社の業務上の都合**

事業の縮小や合理化などを目的とする解雇です（リストラ）。

⑤ **天災事変・火災などの不測の事態**

不測の事態による業績悪化を原因とする解雇です。

⑥ **刑事罰に相当する事件を起こした**

背任罪、横領罪、窃盗罪、器物損壊罪などで会社に直接の損害を与えた場合や、暴行罪、強制わいせつ罪などで会社の信用を失墜させるなどの間接的な損害を与えた場合です。

もっとも、これらの事由に該当しても、解雇するのは困難な場合があります。たとえば、①・②・③の事由による解雇は普通解雇に相当しますが、これが認められるためには、従業員がこれらの事由により労働契約に違反したと判断できる事実を示す必要があります。

④・⑤の事由による解雇は整理解雇に相当します。これは会社側の事

情が大きいので、より明確な合理性・相当性が求められます。具体的には、「解雇以外の方法が十分に検討されたか」「人員削減が必要なほど経営状態が悪化しているか」「被解雇者の人選に合理性があるか」「労働組合や従業員への十分な説明をしているか」といった要件を満たすことが必要とされています（整理解雇の4要件）。

　⑥の事由による解雇は懲戒解雇に相当します。この場合、所轄労働基準監督署長の認定があれば、解雇予告や解雇予告手当がなくても即日解雇することができますので、そのことを明記しておきます。

▌「解雇予告」

　解雇を実行する際には、従業員に合理性のある理由を示す他、解雇予告に関する手続きが必要です。具体的には、以下のいずれかの手続きを行うことが必要です。解雇される従業員が心の準備をして、次の仕事が決まるまでの生活を安定させるのがその趣旨です。

① 少なくとも30日前に解雇予告をする
② 30日分以上の平均賃金（解雇予告手当）を支払う
③ ○日分の平均賃金を支払い、解雇予告に必要な日数を○日分だけ短縮してから解雇予告を行う

▌「解雇制限」

　労働基準法は、次の状況にある従業員を解雇することを、原則として禁じています。ただし、④の期間は産後6週間を過ぎると、女性従業員の希望がある場合、医師の許可を得て復職ができます。

① 業務上の負傷または疾病（業務災害）のため休業している期間
② 上記①の期間が終わった後30日間
③ 6週間以内（多胎妊娠の場合は14週間以内）に出産する予定の女性従業員がその申出により休業している期間
④ 産後8週間を経過しない女性従業員が休業している期間
⑤ 上記③・④の期間が終わった後30日間

4 服務

第3章　服務

第1節　服務規律

第24条（服務の基本原則）　従業員は、業務上の責任を自覚し、誠実に業務を遂行するとともに、会社の指揮命令に従い、職場の秩序を維持しなければならない。

第25条（服務心得）　従業員は、次の各号に掲げる事項を守らなければならない。

(1)　会社の方針および自己の職責をよく理解し、業務に参与する誇りを持ち、会社および上長の指揮と計画の下で、互いによく協力、親和し、秩序よく業務の達成に努めること

(2)　業務組織に定めた分担および会社の諸規則に従い、会社の指揮の下で、誠実かつ迅速にその業務にあたること

(3)　服装等については、常に清潔に保ち、他人に不快感を与えないこと

(4)　常に健康を維持できるように、自己の体調管理に気を配ること

(5)　消耗品は常に節約し、商品・備品・帳簿等は丁寧に取り扱い、保管に十分注意すること

(6)　会社の命令ならびに諸規則に違反しないこと

(7)　会社からの業務上の指示および計画を無視しないこと

(8)　職場の風紀および秩序を乱す発言および行為をしないこと

(9)　顧客や取引先等より金品の贈与を受けず、かつ、顧客や取引先等に対して金品の贈与を要求しないこと

(10)　会社の業務の方針および制度、その他会社の機密を外部に漏洩させないこと、会社の書類（磁気ディスク等の各種記録媒体等を利用した記録を含む）を会社外の者に閲覧させないこと、および、これらの内容を雑談中に察知されないよう注意すること

⑾　会社もしくは他の従業員の名誉を傷つけ、または、会社もしくは他の従業員に不利益を与える発言および行為をしないこと

⑿　業務上の失敗やクレーム等は隠さず、ありのままに会社に報告すること

⒀　業務上の地位を利用して、私的取引をしないこと、金品の借入れを受けないこと、手数料その他金品を収受しないこと、およびゴルフの接待等の私的利益を受けないこと

⒁　勤務時間中は業務に専念し、不必要に職場を離れないこと

⒂　酒気帯びの状態またはこれに類する業務に不適当な状態で勤務しないこと

⒃　喫煙は、所定の場所においてのみ行うこと

⒄　以下の事由が生じたとき等は、速やかに会社に届け出ること

　　ア　従業員による会社の施設または資材等の損傷その他の行為によって、会社に損失を与えたとき

　　イ　従業員が顧客や取引先等の他人に損害を与えたとき

　　ウ　会社や従業員に災害が発生したのを知ったとき

　　エ　会社の安全操業に支障をきたしたとき

　　オ　ア～エのおそれがあるのを知ったとき

⒅　会社のインターネット環境を利用して、業務に関係のないWEBサイトを閲覧しないこと

⒆　会社の電子メールを用いて私的な内容のやりとりをしないこと

⒇　業務中に私用で電話および携帯電話を使用しないこと

㉑　許可なく会社施設内において、業務に関係のない集会、ビラ配布およびビラ貼りなどを行わないこと

㉒　会社内および会社施設内で、一切の政治または宗教的な活動を行わないこと

㉓　個人でホームページやブログ、SNSなどを開設する場合は、会社や会社の業務にまつわる情報漏洩に留意すること

㉔　会社の許可なく、個人所有の電子機器にて業務に関する情報を保有してはならず、会社の許可を得て個人所有の電子機器にて当該情報を保有する場合は、情報漏洩の可能性のある環境を排除した上で

当該電子機器の操作を行うこと

㉕　会社の許可なく、業務上の情報、特定個人情報および個人情報が記載された書類およびファイルを会社外に持ち出さないこと

㉖　前各号の他、これに準じ従業員としてふさわしくない行為をしないこと

第26条（ハラスメント行為の禁止）　すべての従業員は、他の従業員を業務遂行上の対等なパートナーと認め、職場における健全な秩序および協力関係を保持する義務を負うとともに、職場内においてセクシュアルハラスメント、パワーハラスメントおよびマタニティハラスメント等のハラスメント行為をしてはならない。

2　ハラスメント行為については、詳細をハラスメント防止規程で別途定めるものとする。

第27条（兼業の禁止・競業避止義務）　従業員は、会社の許可なく、他の会社等の業務に従事してはならない。

2　従業員は、会社の許可なく、自ら事業を営んではならない。

3　従業員であった者は、退職後3か月以内は、会社の許可なく、会社と同種の事業を営む他の会社に在籍し、自ら同種の事業を営み、および、会社の営業秘密その他会社の利益を害する競業行為を行ってはならない。

第28条（特定個人情報、個人情報、機密情報の管理）　従業員は、会社および取引先等に関係する情報管理に細心の注意を払うとともに、業務とは無関係の特定個人情報、個人情報および機密情報を、会社の許可なく取得または複写してはならない。

2　会社は、その在職する従業員の特定個人情報および個人情報に関し、細心の注意をもって取り扱うべきものとし、新たに従業員から提供を受ける必要がある特定個人情報および個人情報があるときは、当該情報の利用目的を当該従業員に詳しく説明した上で提供を受ける義務を負うものとする。

3　特定個人情報および個人情報の取扱いについては、その詳細を個人情報保護規程で別途定めるものとする。

4　特定個人情報および個人情報については、個人情報保護法、各種税法、各種社会保険法等の法令、各地方公共団体の条例および各種ガイ

ドラインの定める規定ならびに前項の個人情報保護規程に従い、厳格に取扱いを行うものとする。

第2節　出退勤

第29条（出退社）　従業員は、出社および退社について、次の各号に掲げる事項を遵守しなければならない。

⑴　始業時刻は1日の作業を開始する時刻であることから、始業時刻までに各自就業に適する服装を整える等、始業時刻には直ちに業務を開始することができるように準備しておくこと

⑵　出退社の際は、本人自らタイムカードを打刻すること（ただし、業務の都合により、現場へ直行または現場から直帰する場合で、会社の許可を得た者を除く）

⑶　作業に必要でない危険物を所持しないこと

⑷　退社時は器具、備品、書類等を整理格納し、所定の引継ぎをすること

⑸　終業時刻後は、速やかに退出すること（ただし、会社から特別の指示があった場合を除く）

2　前項第1号において、会社は、始業開始時刻に服装等作業を開始できる状態に至っていないと判断した者につき、作業を開始できる状態に至ったと認められるまでの時間を遅刻したものとして扱うことができる。

第30条（入場禁止、退場強制）　会社は、次の各号の一に該当する従業員に対し、その者の入場を禁止し、または、退場させることができる。

⑴　職場の安全衛生を脅かす者

⑵　業務に不要な凶器を所持する者

⑶　業務を妨害し、または、妨害するおそれのある者

⑷　その他会社が就業に不適格と認めた者

第31条（持込持出）　従業員は、日常携帯品以外の物を会社へ持ち込もうとするとき、または、会社から持ち出そうとするときは、あらかじめ会社の許可を得なければならない。

第32条（所持品検査）　従業員は、所持品検査を必要とする合理的理由があると会社が認めた場合には、会社が実施する所持品検査を受認する義務を負う。

2　前項の所持品検査は、会社の判断により、総務部長が行うものとし、

当該検査により判明した従業員の所持品に関する情報は、他の従業員を含めて他人に一切口外してはならない。ただし、総務部長が社内秩序維持のために必要と認めた場合を除く。

第33条（欠勤の事前届出） 傷病その他の理由で欠勤する場合は、前日までに所定の様式にて、欠勤の理由と予定日数を記入して会社に届け出て、その許可を得なければならない。ただし、急病等のやむを得ない理由により事前に申し出ることができなかった場合は、事後に速やかに届け出なければならない。

2 正当な理由なく前項の届出を怠った場合は、無断欠勤とみなす。

3 傷病を理由とする欠勤が7日（休日を含む）以上に及ぶときは、第1項の届出の他、医師の診断書を提出しなければならない。この場合、会社の指定する医師の診断を受けさせることがある。

第34条（遅刻、早退、および外出） 遅刻または早退をする場合、および私用外出などによって就業時間中職場を離れる場合は、あらかじめ会社に届け出て、その許可を受けなければならない。

第35条（面会） 就業時間中における来訪者との私用面会は、原則として認めない。ただし、会社の許可を得た場合はこの限りではない。

第36条（直行、直帰） 従業員は、業務上の都合により、現場へ直行し、または現場から直帰することができる。ただし、会社の許可を得なければならない。

2 やむを得ない理由による場合には、前項ただし書の規定を適用しない。この場合は、事後に速やかに会社に連絡を取り、その承認を得なければならない。

ポイント解説

■「服務規律」「服務の原則」

従業員が会社の一員として業務を行っていく上で念頭に置くべきルール、倫理、姿勢などについて明確にしているのが服務規律の条項です。

就業規則への記載義務はありませんが（任意的記載事項）、就業規則に明確化することで経営者を含めた従業員全員が同じ認識の下に業務にあたることができます。また、服務規律の違反行為があって懲戒処分を行う場合に、正当性や根拠を主張しやすくなるといった効果があります。

　本例にある「服務の基本原則」は、服務規律全体の概念を示す条項です。就業規則の遵守や誠実な業務の遂行、職場での協調や秩序の維持などをすべての従業員に促します。

▊「遵守事項」

　各会社の社風や社訓を踏まえ、できるだけ具体的に遵守すべき事項を明示します。内容としては、一般的に次のようなものがあります。

① 就業時の心構え、姿勢

　目標に向けて誠実に、効率よく業務にあたること、組織の一員としての自覚を持ち、円滑な業務遂行を心がけることなど。

② 従業員としての自覚、責任

　いかなるときも会社の名を背負っていることを自覚し、信用を損ねない行動をとることなど。

③ 会社の備品、製品等の扱い

　会社財産の持ち出し禁止、維持管理の徹底など。

④ 社会規範の遵守

　刑法、道路交通法をはじめとする法令に違反する行為の厳禁など。

⑤ 社内での業務外の活動の禁止

　業務に関係のない宗教活動、政治活動、販売活動およびそれらに類する行為などの禁止。

▊「兼業の禁止」「競業の禁止」

　従業員の兼業や転職は、憲法が定める職業選択の自由として保障されるものであるため、就業規則に兼業や転職に関する規制をむやみに設けることはできません。しかし、会社の業務に支障が生じたり、会社の機

密情報やノウハウが漏洩したりすることは、会社にとって大きな損失です。訓示的な効果を期待するため、兼業禁止・競業禁止の規定を設けておくとよいでしょう。

まず、兼業に関しては、就業規則において会社の許可を得なければならないと規定することが考えられます。兼業の全面禁止は、従業員の職業選択の自由に対する過度な干渉ですが、許可制を就業規則で採用することで、従業員が会社の利益を害する形態で兼業するのを抑止できます。兼業の形態が深夜労働の場合や反社会的勢力と結びつく業種の場合は、会社の業務遂行に支障があるだけでなく、とくに後者は会社の品位を傷つけます。この場合は、会社が許可を与えないことが認められ、不許可に従わなければ懲戒処分を行うことができます。

次に、競業禁止規定を設ける場合は、特約の存在、期間・場所・業種による制限、代償措置の有無などの基準をクリアする必要があります。特約については、就業規則に競業禁止規定を設けていることが必要です。禁止期間が長すぎると従業員の職業選択の自由を大きく制約するため、裁判例に照らすと、代償措置（退職金増額など）を講じても、禁止期間は最大3年以内と考えられます。なお、競業禁止は場所的に合理的な範囲内でのみ通用するものでなければなりません。

▌▌勤務時間中の怠慢行為

従業員には、会社の業務を誠実に行い、会社の指揮監督を受ける義務があります（職務専念義務）。そのため、業務中は、会社の業務に集中し、業務に関係のないことは慎まなければならず、従業員が就業時間中に個人的目的でスマートフォンやタブレット端末を用いてメールやSNSなどをしていた場合は、職務専念義務に違反します。

昼休み中にメールやSNSなどをする場合も、会社の備品であるパソコンを使用するときは、パソコンの管理権限が会社にあることから問題がないとはいえません。結局は、会社が従業員のパソコン利用についてどのような取り決めをしているのかがポイントです。たとえば、就業規則

に「パソコンの私的利用をした場合、懲戒処分にする」という規定があれば、この規定に基づき、会社はパソコンの私的利用をした者に対して懲戒処分を行うことができます。

　もっとも、パソコンの利用方法について会社が就業規則で何も定めていないとしても、就業規則にある別の規定を根拠にして懲戒処分を行うことは可能です。たとえば、「従業員は業務に支障を生じさせる行為をしてはならない」という規定がある場合です。ただ、懲戒処分は従業員の不利益が大きいため、よほどの違反行為がなければ行使できないと考えておくべきでしょう。

▌ セクハラなどハラスメント行為の禁止

　職場におけるさまざまなハラスメント（嫌がらせ）行為は、従業員の就業環境を害する行為です。ハラスメント行為の存在を放置することは、嫌がらせを受けた本人の生産性だけでなく、その組織全体の生産性や士気をも低下させることにつながります。会社としては、就業規則やハラスメント防止規程などの社内規程によってハラスメントに該当する行為の発生を防止し、また、すでに発生している場合には解決を図ることが必要になります。職場で生じるハラスメントのおもな種類としては、セクシャルハラスメント（セクハラ）、パワーハラスメント（パワハラ）、マタニティハラスメント（マタハラ）などがあります。

　セクシャルハラスメントとは、性的な嫌がらせをすることです。「男性から女性へ」「女性から男性へ」というような異性間だけでなく、同性間でもセクシャルハラスメントは成立します。

　パワーハラスメントとは、業務上の地位や職権を利用して嫌がらせをすることです。具体的には、不合理な命令、過剰な指導、被害者の人格を無視した行為、雇用不安を与える行為などを指します。

　マタニティハラスメントとは、妊娠・出産に関係するさまざまな嫌がらせのことです。たとえば、産休・育休の取得を申し出た際に退職を勧奨する行為や、産休・育休明けの復帰の際に勤務を継続できない部署へ

の異動や降格を言い渡す行為などが挙げられます。

▌「個人情報、機密情報の管理」

　コンピュータやインターネットの普及により、大量の個人情報・機密情報を扱う会社では、その使用・管理について十分な対策を立てることが急務になっています。就業規則とは別に社用パソコン使用規程など、情報管理に関する規程を別に定めるケースも多くあります。

　昨今の不正アクセス行為の増加に伴い、営業秘密（事業活動に有用であり、公然と知られておらず、秘密として管理されている情報）が侵害される危険性が高まっており、不正競争防止法では、①刑事上・民事上の保護範囲の拡大、②刑罰の強化等による抑止力の向上、③民事救済の実効性の向上が図られています。

　たとえば、①については、営業秘密を不正に取得しようとしたが、その行為が未遂に終わった場合の規制です。現在では、こうした未遂犯についても処罰対象に含めています。②については、罰金刑の上限の引き上げが行われています。③については、一定の場合に損害賠償請求に関する立証責任を侵害者が負うことが盛り込まれており、営業秘密の保護が強化されています。

　会社内の情報管理を徹底するためには、就業規則を中心とした内部規程を置くだけではなく、こうした法改正に関する情報を随時従業員に周知させることも重要です。近年では、従業員個人のスマートフォンやタブレット端末などを通じて、会社が保管する個人情報が流出する事態も発生しています。これは職務怠慢行為とも関連しており、業務と無関係な情報端末の使用を禁止することで、個人情報の保護につなげることが必要です。

　たとえば、事業所の中でも顧客情報をはじめ、業務の中核的でデリケートな情報（個人情報や営業秘密など）を集中的に管理している場所には、入室にカードキーを設けるなどの措置をとるとともに、就業規則において、私的な情報端末の持込みを禁止または制限する規定を設けることも、個人情報管理の観点から有効な方法です。

▌ 従業員のマイナンバー（個人番号）の管理

　マイナンバー法（「番号法」と省略される場合もある）によると、マイナンバー（個人に割り当てられる12桁の番号）のことを「個人番号」といい、マイナンバーを含む個人情報のことを「特定個人情報」といいます。マイナンバーと特定個人情報は、ともに個人情報保護法にいう「個人情報」に含まれます。もっとも、マイナンバーや特定個人情報は、個人のプライバシーに関わる多くの情報と紐づけられているため、他の個人情報よりも利用目的などが制限されています。

　また、マイナンバー法によると、おもに従業員のマイナンバーを国や地方公共団体に提供する民間企業等のことを「個人番号関係事務実施者」といいます。個人番号関係事務実施者に対しては、提供を受ける従業員のマイナンバーが正しいものかを確認することが義務づけられています。さらに、特定個人情報の管理に関する基本方針や取扱規程を策定するなど、その取扱いに関する安全管理措置を行い、従業員にも取扱いについての周知を行うなどして、特定個人情報を適切に管理することが義務づけられています。

　ただし、中小企業（従業員の数が100人以下の個人番号関係事務実施者）については、特定個人情報の安全管理措置に関する特例が設けられています。たとえば、中小企業に対しては、上記の基本方針や取扱規程の策定が義務づけられていません。どの程度の安全管理措置が必要であるかについては、個人情報保護委員会が策定している「特定個人情報の適正な取扱いに関するガイドライン（事業者編)」に詳しく示されています。

▌「出退勤」

　出退勤の時刻は、業務に従事している時間を証明するものです。賃金の計算や遅刻・早退・欠勤などの勤怠管理の基準であるだけでなく、何らかの事故が生じたときに業務時間中であったかどうかを判断する基準にもなります。したがって、就業規則でも正確に記録を行うことを義務化し、その重要性を明確にしておくことが必要です。

▐▌「入場禁止」

　会社は業務を遂行するための場所であり、その秩序を乱す者は排除する必要があります。本例では、①就業規則を守らない、②危険物を持ち込もうとする、③風紀を乱す、などの要因を持っている従業員の入場を禁止し、または退場を命令できる（退場強制）ことを規定し、会社の強い姿勢を明確にしています。

▐▌「持込持出」「所持品の検査」

　会社に不要物を持ち込んだり、会社の備品や情報などを社外に持ち出すことは、会社の業務に悪影響を及ぼす行為です。中には会社の文房具や日用品を自分の所有物のように持ち帰ろうとする従業員もいますが、これは明らかに会社に損失を与える行為であり、場合によっては懲戒処分の対象になることもあります。就業規則では、業務に必要なものを持ち込んだり、持ち出したりする場合には許可を必要とする、必要に応じて強制的に従業員の所持品検査を行う、などの条項を記載し、不必要な持ち込み・持ち出しを防止する効果を狙います。

　ただ、行き過ぎた所持品検査の実施や、検査結果を他の従業員に漏洩することは、従業員個人のプライバシーの侵害になるおそれもあります。そのため、「社内の備品が紛失し、その盗難の疑いがある従業員に対して所持品検査を行う」といった所持品検査の根拠条項を設けることが必要です。さらに、所持品検査の担当者が、検査で知った個人の所持品について、他の従業員に漏洩することがないようにしなければなりません。所持品検査の条項は、そもそも業務に不必要なものを社内に持ち込まないようにけん制する意味合いもあります。

▐▌「欠勤の事前届出」

　年次有給休暇、育児休業、介護休業などの休暇・休業の期間にあたらないのに、出勤日に会社を休むことは、厳密にいうと雇用契約に違反する行為であり、懲戒の対象とされることもあります。

ただ、長い職業生活の中では、事故や疾病などで、どうしても休まざるを得ない状況が起こります。このような事由による欠勤まで懲戒処分とするのでは、会社の業務にも支障をきたします。また、従業員としても、安心して回復に専念できなくなってしまいます。

　そこで、事前に届出をするなどの手続きを行い、それを会社（実際の承認者を誰にするかは別途決めておく）が承認するという形で欠勤を認める条項を設けておきます。その際、どの範囲までならば欠勤を認めるのか、その範囲を超えて欠勤した場合はどのような扱いをするのか、という点も明確にしておきましょう。

▐▐「遅刻・早退・私用外出」

　遅刻・早退や就業時間中の私用外出は、欠勤同様に雇用契約で定められた労務の提供を行っていないことになります。ある程度認める場合は、どの範囲で認めるか、どのような手続きを要するか、定めた範囲を超えた場合にどのような懲戒処分とするかを記載しておきます。

▐▐「面会」

　就業時間中は誠実に業務に専念すべきで、私用による面会はこれに支障をきたします。そこで、原則として面会を禁止する条項を設け、必要に応じて会社の許可を得れば認めることを記載しておきます。

▐▐「直行・直帰」

　顧客の要望などにより、直接自宅から顧客の事業所などに向かったり（直行）、出先からそのまま帰宅（直帰）した方が都合のよいことがあります。その途中で何らかの事故が生じた場合に、労災として扱うかを判断する基準として、会社の指揮監督の有無が重要になります。したがって、直行・直帰の際には事前に会社の許可を得ることを必須とします。緊急時の対応を含めての明記が必要です。

5　労働時間、休憩時間

第4章　労働時間、休憩時間、休日および休暇

第37条（所定労働時間）　所定労働時間は、1週間については40時間、1日については8時間とする。

第38条（始業時刻、終業時刻および休憩時間）　始業時刻、終業時刻および休憩時間は、下記の通りとする。

　始業時刻　　9時00分

　終業時刻　　18時00分

　休憩時間　　正午から13時00分まで（60分）

2　業務上の都合またはやむを得ない事情により、始業時刻、終業時刻および休憩時間を繰り上げ、または繰り下げることがある。この場合、前日までに従業員に通知する。

第39条（変形労働時間制）　前2条の規定にかかわらず、○○の業務を行う従業員または会社から指示された従業員については、1か月単位の変形労働時間制を採用し、労働時間は1か月を平均して1週間当たり40時間以内とする。

2　前項の場合、各月の1か月の起算日は各月とも1日とし、終了日は各月末日とする。

3　前2項の規定にかかわらず、別途労使協定に基づき1年単位の変形労働時間制等の変形労働時間制を採用することがある。

4　1年単位の変形労働時間制を採用した場合、始業時刻、終業時刻および休憩時間は、労使協定の定めるところによる。

5　1年単位の変形労働時間制を採用した場合、労使協定で定める対象期間の途中で入社または退職し、対象期間の一部だけ勤務する従業員については、その勤務期間を平均して1週間当たり40時間を超える時間に対して割増賃金を支払うこととする。

第40条（専門業務型裁量労働制） ○○の業務を行う従業員については、専門業務型裁量労働制を適用する。

2 　前項の従業員は、第37条の規定にかかわらず、所定労働日に勤務した場合は、1日9時間労働したものとみなし、業務遂行の手段および時間配分の決定等は、当該従業員にゆだねるものとする。

3 　第1項の従業員の始業時刻、終業時刻および休憩時間は、当該従業員の裁量によるものとする。

4 　みなし労働時間が第37条の所定労働時間を超えた場合、その超えた部分は時間外労働として扱い、賃金規程に定めるところにより割増賃金を支払うものとする。

5 　休日は第43条の定めるところによる。

6 　第3項の規定にかかわらず、第1項の従業員が、第43条の休日または深夜（午後10時〜翌日午前5時）に労働する場合は、あらかじめ会社の許可を受けなければならない。

7 　前項の許可を受けて休日または深夜に労働した場合、会社は、賃金規程に定めるところにより割増賃金を支払うものとする。

8 　専門業務型裁量労働制に関するその他の事項は、労使協定の定めによる。

第41条（休憩時間） 　休憩時間は、すべての従業員に対して一斉に与えるものとする。ただし、業務上の都合により必要な場合には、労使協定を締結した上で、その休憩時間を交代で与えることがある。

2 　従業員は、会社の秩序を乱し、他の従業員の休憩を妨げるものでない限り、休憩時間を自由に利用することができる。

3 　休憩時間中に遠方に外出するときは、あらかじめ会社に届け出るものとする。

第42条（出張者の労働時間） 　会社は、業務上の都合により必要な場合には、従業員に事業場以外の場所への出張を命じることができる。この場合、正当な理由がない限り、従業員は、これを拒むことはできない。

2 　従業員が出張、その他会社の用務のために、事業場外で業務に従事する場合で、労働時間を算定し難いときは、第38条第1項の所定労働時間を労働したものとみなす。ただし、会社があらかじめ別段の指示をしたときはこの限りでない。

ポイント解説

■「所定労働時間」

　就業規則には、労働の開始と終了を示すものとして始業時刻と終業時刻を定めることが必要です。始業時刻から終業時刻までの時間が拘束時間であり、拘束時間から休憩時間を差し引いた時間が「所定労働時間」です。労働基準法は、1週40時間、1日8時間を超える労働を原則禁止しているため、この範囲内で所定労働時間を定めます。

■ 勤務間インターバルはどんな制度なのか

　勤務間インターバル制度とは、労働者（従業員）が1日の勤務が終了（終業時刻）してから翌日の勤務が開始（始業時刻）するまでの間に、一定時間以上の間隔（インターバル）を空けなければならないとする制度です。終業時刻から始業時刻までの間に休息時間（勤務間インターバル）を設け、労働者の長時間労働を解消するのが目的です。

　たとえば、始業時刻が午前9時の企業が11時間の勤務間インターバルを定めている場合、始業時刻の通りに労働者が勤務するには、遅くとも前日の終業時刻が午後10時でなければなりません。もし前日の終業時刻が午後11時であった場合には、そこから11時間（勤務間インターバル）は翌日の勤務に就くことができず、始業時刻を少なくとも午前10時（1時間の繰下げ）まで繰り下げなければなりません。

　勤務間インターバル制度の導入については、①一定の時刻に達すると労働者は残業ができなくなるので、長時間労働の抑止を図ることができる、②一定の休息時間が確保され、労働者の生活時間や十分な睡眠時間を確保することを助け、労働者のワークライフバランスを推進する作用をもたらす、というメリットがあります。

■「始業、終業および休憩時間」

　労働契約で定める①始業、終業の時刻、②休憩時間、③交替勤務があ

る場合の就業時転換に関する事項については、就業規則で必ず定めなければならない絶対的必要記載事項です。

　労働基準法では労働者の労働時間について厳格な制限を定めている他、時間外・休日・深夜の勤務には割増賃金を支払うことを義務づけています。中には割増賃金目当てで積極的に残業や休日出社をする労働者もいるため、事業者が法令違反をしていないことを明確に示すためには、労働時間を徹底して管理することが必要になります。

　具体的には、出退勤時間の管理が必要です。出退勤の時間はタイムカードを使って管理する会社が一般的です。そして、時間外・休日の勤務は必ず会社側の指示または承認を受けた上で行うよう徹底します。指示または承認なく労働者が勝手に時間外・休日労働をするのを注意せずに黙認してしまうと、時間外・休日労働と認められるため注意が必要です。

■ 勤務間インターバルとは

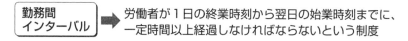

| 勤務間インターバル | ⇒ | 労働者が1日の終業時刻から翌日の始業時刻までに、一定時間以上経過しなければならないという制度 |

（例）勤務間インターバルが『11時間』の場合

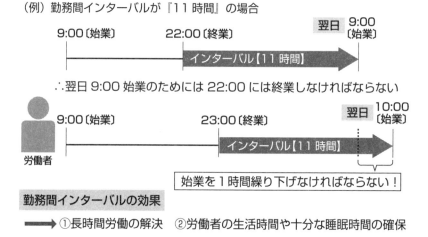

9:00〔始業〕　　22:00〔終業〕　　翌日 9:00〔始業〕
インターバル【11時間】
∴翌日 9:00 始業のためには 22:00 には終業しなければならない

労働者
9:00〔始業〕　　23:00〔終業〕　　翌日 10:00〔始業〕
インターバル【11時間】
始業を1時間繰り下げなければならない！

勤務間インターバルの効果

⟶ ①長時間労働の解決　②労働者の生活時間や十分な睡眠時間の確保

■■「休憩時間の原則と例外」

　労働時間は休憩時間を除外して計算しますが、休憩時間についても労働基準法の定めがあります。具体的には、会社は労働者に対し、1日の労働時間が6時間を超える場合は45分以上、8時間を超える場合は1時間以上の休憩時間を与えなければなりません。

　また、休憩時間は労働時間の途中に、一斉に与えなければなりません（一斉付与の原則）。多くの会社では、一斉に休憩する時間を昼食時に設定しています。休憩時間を一斉に与えなければならないのは、バラバラに休憩をとることで、休憩がとれなかったり、休憩時間が短くなったりする労働者が出ることを防ぐためです。ただし、労使協定がある場合または一定の事業（接客娯楽業、商業、保健衛生業、運輸交通業など）は、一斉に休憩を与えなくてよいとの例外が認められます。

　さらに、休憩時間中は労働者を拘束してはならず、労働者に休憩時間を自由に利用させなければなりません（自由利用の原則）。使用者が休憩時間中の労働者の行動を制約することはできません。もっとも、労働者は、会社が事業を円滑に運営していくために、一定の秩序を遵守する義務を負います（企業秩序遵守義務）。そのため企業秩序に照らし、休憩時間中の行動（とくに事業所内での行動）について、労働者に一定の制約を課すことが許される場合があります。

■■「出張」

　会社は、雇用契約や就業規則で定めた範囲で、労働者に対する業務命令権を取得します。出張を命じることも業務命令の一つで、就業規則には、正当な理由がなければ、出張命令を拒むことができないと規定することが多いです。もっとも、育児や介護などの事情を抱える労働者が、勤務地を特定の事業場に制限する形で雇用契約を締結している場合もあります。その場合は、事業場外での勤務を伴う出張命令が権利濫用として無効とされることがある点に注意を要します。

　また、出張中の労働時間について、会社が適切に労働時間を把握する

ことが困難な場合もあります。その場合に備え、就業規則に一定の時間を労働したと扱うことを規定しておくことが考えられます。

▌▌「変形労働時間制」

　労働基準法では、1週の法定労働時間（原則40時間）を一定期間にわたって平均化して所定労働時間を設定することを認める「変形労働時間制」を認めています。変形労働時間制とは、単位となる一定期間内において所定労働時間を平均して1週の法定労働時間を超えなければ、一定期間内の一部の日または週において所定労働時間が1日または1週の法定労働時間を超えても、法定労働時間を超えないものとして取り扱う制度です。変形労働時間制を導入することにより、特定の週または特定の日においては、法定労働時間を超えて労働させることが可能になります。

　変形労働時間制度は、その変形期間の長さにより、①1か月単位の変形労働時間制、②1年単位の変形労働時間制、③1週間単位の非定型的変形労働時間制の3種類に分類されます。

▌▌「1か月単位の変形労働時間制」

　単位となる期間（変形期間）が「1か月以内の一定期間」である場合です。1か月単位の変形労働時間制を実施するには、労使協定または就業規則などで、①変形期間を1か月以内とし、②変形期間の起算日を定め、③変形期間の法定労働時間の総枠（総労働時間）の範囲内で各日・各週の労働時間を特定することが必要です。労使協定や就業規則で定めた場合は、それを所轄労働基準監督署長に届け出る必要があり、労使協定の場合は有効期間の定めも必要です。

　総労働時間の限度は、変形期間を平均して1週40時間（特例措置対象事業場は1週44時間）の法定労働時間を超えないように定めなければならず、その計算方法は『総労働時間の限度＝40（特例措置対象事業場は44）×変形期間の暦日数÷7』になります。

　各週各日の所定労働時間は具体的に特定する必要があり、始業・終業

時刻も特定しなければなりません。しかし、労働者ごとに毎月勤務割を作成する場合には、労使協定または就業規則などにおいて、各勤務の始業・終業時刻、勤務の組み合せの考え方、勤務割表の作成手続きおよび周知方法をあらかじめ定めておけば、各日の勤務割は変形期間の開始前までに具体的に特定すればよいとされています。

■■「1年単位の変形労働時間制」

　単位となる期間（対象期間）が「1か月を超え、1年以内の一定期間」である制度です。デパートのように、1年周期で繁忙期（中元や歳末の時期など）がある程度決まっている事業に適しています。

　1年単位の変形労働時間制を実施するには、労使協定および就業規則などで、①対象となる労働者の範囲、②対象期間、③対象期間内の労働日および各日の所定労働時間、④必要がある場合は、とくに業務が繁忙な期間（特定期間）、⑤労使協定の有効期間を定めた上で、所轄労働基準監督署長への労使協定の届出が必要です。1年単位の変形労働時間制は、対象期間が長期にわたり、労働者の健康や生活リズムへの悪影響も考えられるため、就業規則などの定めに加えて、必ず労使協定の定めも必要です。

　②の対象期間は、1か月を超え1年以内で、起算日を特定しなければならず、対象期間については、さらに1か月以上の期間に区分することができます。その場合、最初の区分期間の労働日と各労働日の所定労働時間を定めるとともに、残りの区分期間は各区分期間の総労働日数と総所定労働時間を定めておくだけでよいとされています。

　なお、最初の区分期間に続く各区分期間の労働日や各労働日の所定労働時間は、各区分期間の開始する少なくとも30日前に、労働者側の同意を得て書面で作成します。区分期間を定めた場合、各日の所定労働時間は、区分期間を平均して1週40時間を超えてはならず、上限は1日10時間、1週52時間です。

　連続労働日数の限度は6日ですが、対象期間中のとくに業務が繁忙な期間（特定期間）を定めた場合は、特定期間中の連続労働日数の限度が

１週につき１日の休日が確保できる日数（12日）となります。

　③の労働日および各日の所定労働時間は、対象期間が３か月を超える変形制の場合、所定労働日数は１年あたり280日を限度としなければなりません。その他、労働時間について１週48時間を超える週は３週間を超えて連続してはならず、さらに、対象期間を初日から３か月ごとに区分した各期間において１週間あたり48時間を超える週が３週間以下であることとされています。

■「１週間単位の非定型的変形労働時間制」

　労働者が常時30人未満の小売業、旅館、料理店、飲食店といった業務の繁閑の激しい小規模企業について、労使協定および就業規則などによる「１週間単位」の非定型的変形労働時間制をとることが認められています。この場合、１週40時間の範囲内で１日10時間まで労働させることができます。他の変形労働時間制とは異なり、所定労働時間を締結時に特定する必要がない点に特色がありますが、変形労働を行う１週間の開始前に、各日の労働時間をあらかじめ労働者に通知しておく必要があります。

　１週間単位の非定型的変形労働時間制を実施するには、労使協定および就業規則などで、①この変形労働時間制を導入すること、②１週の所定労働時間数、③１週間の起算日、④適用労働者の範囲を定めた上で、所轄労働基準監督署長への労使協定の届出が必要です。

■「専門業務型裁量労働制」「企画業務型裁量労働制」

　業務によっては、始業・終業時刻を定めた労働時間管理がそぐわないものもあります。そのような労働者には、労働者が自主的に労働時間を決めることができる裁量労働制を適用することができます。裁量労働制が適用されると、実際の労働時間によらず、労使協定において定めた時間を労働したものとみなします。裁量労働制はすべての労働者に対して導入できるわけではなく、労働基準法で定める専門業務に就く労働者（専門業務型裁量労働制）と、企業の本社などにおいて企画、立案、調査お

よび分析を行う労働者（企画業務型裁量労働制）に限定されています。

　業務の内容が専門的であるという性質上、時間配分などを含めた業務の進行状況など、労働時間の管理について労働者自身にゆだねることが適切である場合に、実労働時間ではなく、みなし労働時間を用いて労働時間の算定を行う制度を専門業務型裁量労働制といいます。

　たとえば、専門的な業務に従事する労働者について、所定労働時間を「7時間」と規定しておくと、所定の労働日において、実際には所定労働時間よりも短く働いた場合（5時間など）であっても、反対に、所定労働時間よりも長く働いた場合（9時間など）であっても、所定労働時間の労働に従事した（7時間働いた）ものと扱うということです。専門業務とは、新商品や新技術の研究開発など、情報処理システムの分析や設計、取材や編集、デザイン、プロデューサーやディレクターの業務、事業運営についての考案・助言などの業務です。

　専門業務型裁量労働制を導入するにあたって、労使協定で定める事項については、下図のようになっています。

　企画業務型裁量労働制とは、事業の運営に関する特定の業務を担う労

■ 専門業務型裁量労働制を導入する際に労使協定で定める事項

1	対象業務の範囲
2	対象労働者の範囲
3	1日のみなし労働時間数
4	業務の遂行方法、時間配分などについて、従事する労働者に具体的な指示をしないこと
5	労使協定の有効期間（3年以内が望ましい）
6	対象業務に従事する労働者の労働時間の状況に応じた健康・福祉確保措置
7	苦情処理に関する措置
8	⑥と⑦の措置に関する労働者ごとの記録を有効期間中と当該有効期間後3年間保存すること

働者の労働時間について、みなし労働時間を用いて労働時間の算定を行う制度です。企画業務型裁量労働制にいう「企画業務」とは、①経営企画を担当する部署における業務のうち、経営状態・経営環境等について調査・分析を行い、経営に関する計画を策定する業務や、②人事・労務を担当する部署における業務のうち、現行の人事制度の問題点やそのあり方などについて調査・分析を行い、新たな人事制度を策定する業務などです。企画業務型裁量労働制は、おもに事業運営の中枢を担う管理職クラスの労働者に導入することが想定された裁量労働制です。

　企画業務型裁量労働制のおもな要件については、次ページ図のようになっています。

▌フレックスタイム制度

　フレックスタイム制とは、労働者が、1か月などの一定期間（清算期間）の範囲内で、一定時間数労働する（総労働時間）ことを条件として、1日の労働を任意の時間に開始・終了できる制度です。

　変形労働時間制は、所定労働時間に従って労働することを前提に、労働時間の上限を規制する制度であるのに対し、フレックスタイム制は、労働者が主体的に始業・終業時刻を決めて、時間配分や業務遂行の仕方を考える柔軟な労働形態に対応するための制度です。

　フレックスタイム制では、労働者が必ず労働しなければならない時間帯であるコアタイム（反対に労働者がその選択により労働することができる時間帯をフレキシブルタイムといいます）を設定することができるので、企業にとって、どうしても欠かすことのできない業務上の必要性に対処することができます。コアタイムの上限時間は、法令では定められていません。なお、コアタイムを設定しない形でフレックスタイム制を導入することも可能です。

▌フレックスタイム制を導入するための手続き

　フレックスタイム制を導入する場合には、事業所の過半数組合（ない

場合は過半数代表者）との間で労使協定を締結し、①フレックスタイム制が適用される労働者の範囲、②3か月以内の清算期間、③清算期間における総労働時間、④標準となる1日の労働時間、⑤コアタイムを定める場合はその時間帯、⑥フレキシブルタイムを定める場合はその時間帯、について定めておくことが必要です。なお、清算期間が1か月を超える場合には、締結された労使協定の届出が必要です。

②・③にある清算期間とは、その期間を平均して1週間あたりの労働時間が1週間当たり40時間を超えない範囲内において労働させる期間のことです。労働者が清算期間における総労働時間よりも多く労働した場合、会社は、時間外労働の手続きをした上で、割増賃金を支払わなければなりません。これに対して、労働者の労働が清算期間における総労働時間に不足する場合、不足分については、賃金を支払った上で、次の清

■ 企画業務型裁量労働制のおもな要件

1 対象事業場	②の対象業務が存在する事業場（本社・本店等に限る）
2 対象業務	企業等の運営に関する事項についての企画、立案、調査及び分析の業務であって、業務の遂行方法等に関し使用者が具体的な指示をしないこととするもの 【例】経営状態・経営環境等について調査・分析を行い、経営に関する計画を策定する業務
3 対象労働者	②の対象業務を適切に遂行するための知識・経験等を有し、対象業務に常態として従事する労働者（本人の同意が必要）
4 決議要件	⑤の労使委員会の委員の5分の4以上の多数による合意
5 労使委員会	委員の半数は過半数組合（ない場合は過半数代表者）に任期を定めて指名されていることが必要
6 定期報告事項	対象労働者の労働時間の状況に応じた健康・福祉を確保する措置について報告
7 決議の有効期間	3年以内とすることが望ましい

算期間に繰り越すことが認められる他、次の清算期間に繰り越すことなく不足分の賃金を当月内で控除して清算することも認められています。

さらに、フレックスタイム制の内容について、就業規則に定めなければなりません。具体的には、始業・終業時刻について労働者の自主的決定にゆだねられていることを明記します（次ページの「フレックスタイム制を導入する場合の就業規則の規定例」を参照）。

▌清算期間の上限が３か月に延長された

平成31年（2019年）４月以降、フレックスタイム制の清算期間の上限は３か月となり、労働者にとってより柔軟な勤務体系を可能となりました。ある特定の月において、労働者の事情により十分に労働に従事できなかった場合であっても、他の月にその分の労働時間を振り分けることが可能です。これによって、労働者は自己の事情を考慮しながら、仕事を計画的にこなすことが可能になります。

ただし、清算期間が１か月を超えるフレックスタイム制では、清算期間の開始から区分した１か月ごとの１週平均の労働時間が50時間を超えた場合、その超えた部分は時間外労働となるため、その部分について割増賃金の支払いが必要です。

▌事業場外みなし労働時間制

事業場外労働のみなし労働時間制とは、労働者が業務の全部または一部を事業場外で従事し、会社（使用者）の指揮監督が及ばないため、当該業務に関する労働時間の算定が困難な場合、会社のその労働時間に関する算定義務を免除し、その事業場外労働については「特定の時間」を労働したとみなすことのできる制度です。事業場外での労働であっても、後述のように始業・終業時刻が把握できる場合は「労働時間の算定が困難」とはいえないため、この制度を採用できません。この制度が適用される余地がある業務として、外勤の営業職、出張中や直行直帰の場合、テレワーク（在宅勤務）などが挙げられます。

事業場外みなし労働時間制を採用するための手続き

　事業場外みなし労働時間制を採用するときは、そのことを就業規則に定めます。この制度は、事業場外で勤務する労働者のすべてが対象に含まれる余地がありますが、18歳未満の者や請求があった妊産婦（妊娠中および産後１年未満の女性）は対象から除外されます。

　この制度が適用される場合、事業場外で勤務する労働者が労働したとみなされる「特定の時間」は、「所定労働時間」であるか、または所定労働時間を超えて事業場外の業務を遂行する場合は「当該業務の遂行に通常必要とされる時間」（通常必要時間）とみなされます。とくに後者

フレックスタイム制を導入する場合の就業規則の規定例

第○条（フレックスタイム制）事業場の一部について、フレックスタイム制により勤務させることがある。対象となる従業員は、次の部門に勤務する従業員とする。
(1) ○○部
(2) ○○部

2　フレックスタイム制の対象となる従業員は、所定労働時間の定めにかかわらず、始業・終業時刻をその自主的決定にゆだねるものとする。ただし、コアタイムは10時から15時とする。

3　清算期間は、毎月１日から末日までとする。

4　１日の標準となる労働時間は８時間とし、清算期間における所定労働日数を乗じた時間を一清算期間における総労働時間とする。

5　休憩時間は、原則12時から13時とする。ただし、必要に応じて自主的決定により変更することができる。

6　清算期間における労働時間が総労働時間を超過した場合は、時間外労働とし、所定の割増賃金を支給する。

7　清算期間における労働時間が総労働時間に達しない場合は、不足時間が８時間までは翌月へ繰越清算する。ただし、この繰越清算は翌月に限るものとする。不足時間が８時間を超える場合は、賃金を控除する。

8　コアタイムの開始時刻に遅れて出社した場合は遅刻とし、コアタイムの終了時刻前に退社した場合は、早退とする。

9　その他の詳細事項に関しては、必要に応じて労使協定に規定する。

の通常必要時間を採用する場合は、労使協定の締結が必要です（通常必要時間が1日8時間を超える場合は届出も必要です）。

　たとえば、営業職の労働者の所定労働時間を「6時間」としている場合、実際に働いた時間が5時間と短くても、反対に7時間と長くても、その労働者の労働時間は「6時間」とみなされます。ただし、営業職の労働者の所定労働時間が「6時間」であるのに対し、特定の営業行為の遂行に通常必要な時間が「8時間」である場合は、この8時間が「通常必要時間」となりますので、特定の営業行為に従事した労働者の労働時間は「8時間」とみなされます。ここでの「通常必要時間」は、業務の内容に応じて、労使協定により個別具体的に客観性をもって定められる必要があります。

▌事業場外みなし労働時間制を採用する余地は多くない

　事業場外みなし労働時間制が適用されるのは、使用者の具体的な指揮監督が及ばず、労働時間の算定が困難な業務です。会社が「労働時間の算定が困難」とはいえない場合は、この制度を採用できません。

　たとえば、労働時間を管理する立場にある上司と同行して外出する場合は、上司が始業・終業時刻を管理できるため、この制度は採用できません。また、最高裁判所の判例では、旅行添乗員の添乗業務について、旅行会社との間の業務に関する指示・報告の方法、内容やその実施の態様・状況などに鑑みると、労働時間の管理が困難とは認められず、この制度の適用が認められなかったケースがあります。

　現在は通信技術の進歩が目覚ましく、GPS機能が搭載された携帯電話やスマートフォンが広く普及しています。これまで事業場外みなし労働時間制が適用されると考えられていた業務も、労働者の労働時間を管理・把握することが困難とはいえないケースが増えています。

　もっとも、テレワーク（在宅勤務、サテライトオフィス勤務、モバイル勤務）に関しては、厚生労働省が策定した「テレワークの適切な導入及び実施の推進のためのガイドライン」によると、この制度がテレワークに適用される、つまり労働時間の算定が困難であるというためには、

下記の2つの要件をすべて満たす必要があります。

① 情報通信機器が、使用者の指示により常時通信可能な状態におくこととされていないこと

② 随時使用者の具体的な指示に基づいて業務を行っていないこと

要件①は、情報通信機器を通じた使用者の指示（黙示の指示を含む）に即応する義務がない状態であることを指します。また、要件②の「具体的な指示」は、たとえば、業務の目的・目標・期限などの基本的事項を指示することや、基本的事項について所要の変更の指示をすることは含まれません。したがって、テレワークにおいて一定程度自由な働き方をする労働者には、この制度が適用される余地があります。

▌高度プロフェッショナル制度

特定高度専門業務・成果型労働制（高度プロフェッショナル制度）とは、専門的知識を要する特定の業務を行う年収1075万円以上の労働者を対象に、労使委員会の決議と本人の同意を要件に時間外・休日・深夜の割増賃金の支払いが不要になる制度です。高プロ制度の対象労働者には、深夜割増賃金の規定も適用されないため、深夜時間帯も含めて労働者が自分のペースで業務の配分を行えるのが特徴です。しかし、深夜中心の勤務体系に偏ることなく、長時間労働が常態化しないように、いかに労働者の健康を確保していくのか、使用者（会社）側の工夫が求められます。使用者は、高プロ制度の対象労働者に対し、一定の休日を確保するなどの健康確保措置を講じることが義務づけられています。

高プロ制度の導入手続きは、前提として対象事業場において、使用者側と当該事業場の労働者側の双方を構成員とする労使委員会を設置しなければなりません。その上で、労使委員会がその委員の5分の4以上の多数による議決により、対象業務や対象労働者などの事項に関する決議をして、当該決議を使用者が所轄労働基準監督署に届け出ることが必要です。さらに、高プロ制度が適用されることについて、対象労働者から書面による同意を得ることが求められます。同意をしなかった労働者に対して、解雇そ

の他の不利益な取扱いを行うことは許されません。なお、高プロ制度の適用を受けて働き始めてからも、その適用を労働者の意思で撤回できます。

　労使委員会で決議するおもな事項は、①対象業務の範囲、②対象労働者の範囲、③健康管理時間、④長時間労働防止措置です。また、これらの事項や労働者の同意に関して就業規則にも明示する必要があります。

① 対象業務の範囲

　対象業務は、高度の専門的知識などが必要で、業務に従事した時間と成果との関連性が強くない業務です。たとえば、金融商品の開発業務やディーリング業務、アナリストによる企業・市場等の高度な分析業務、コンサルタントによる事業・業務の企画・運営に関する高度な助言などの業務が念頭に置かれています。

② 対象労働者の範囲

　使用者との間の書面による合意に基づき職務の範囲が明確で、かつ、年収見込額が1075万円を上回る水準以上である労働者です。

③ 健康管理時間

　健康管理時間とは、対象労働者が「事業場内に所在していた時間」と「事業場外で業務に従事した場合における労働時間」とを合計した時間のことです。労使委員会は、健康管理時間の状況に応じて、使用者が講ずるべき対象労働者の健康確保措置や福祉確保措置（健康診断の実施など）を決議します。

④ 長時間労働防止措置

　労使委員会は、労働者の長時間労働を防止するため、次の３つの措置を使用者がすべて講ずべきことを決議します。

ⓐ 対象労働者に対し、４週間を通じ４日以上、かつ、１年間を通じ104日以上の休日を与えること。

ⓑ 対象労働者の健康管理時間を把握する措置を講ずること。

ⓒ 対象労働者に24時間につき継続した一定時間以上の休息時間を与えるか、対象労働者の健康管理時間を１か月または３か月につき一定時間を超えない範囲にするなどの措置を講ずること。

6 休日・休暇

〈第4章　就業時間、休憩時間、休日、および休暇　つづき〉

第43条（休日）　休日は、以下の通りとする。

（1）　土曜日および日曜日。なお、法定休日は日曜日とする。

（2）　国民の祝日および休日（振替休日を含む）

（3）　年末年始（12月31日から1月3日まで）

（4）　夏季休暇（8月第3週のうち会社が指定する4日間）

（5）　その他会社が指定する日

2　交替勤務を必要とする部門においては、会社が前月末までに翌月の勤務表を作成し、4週間を通じ4日以上の休日を与える。この場合の起算日は毎年4月1日とする。毎週の休日のうち最後の1回の休日を法定休日とする。

第44条（休日の振替）　会社は業務の都合上、前条の休日を他の日に振り替えることがある。

2　前項の規定により休日を振り替える場合は、前日までに、2週間以内の特定日を振替日として指定する。ただし、休日は4週間を通じて4日を下回ることはない。

第45条（代休）　従業員が休日出勤をした場合は、代休を取ることができる。ただし、会社は業務上の都合により、当該従業員から請求された日とは異なる日に代休日を変更することができる。

2　代休日については賃金の支払対象とはならず、休日出勤の割増分だけを支払う。

第5章　時間外、休日、および深夜労働

第46条（時間外、休日、および深夜労働）　会社は、業務の都合により、第37条の所定労働時間を超える労働や、第43条の休日または深夜の労

働をさせることがある。

2　従業員は、前項の命令を拒むことはできない。ただし、正当な理由がある場合はこの限りではない。

3　第1項の所定労働時間を超える労働および休日の労働は、会社の指示または会社の承認を受けた場合に限る。

4　従業員は、事前に第1項の所定労働時間を超える労働および休日の労働をする理由、対象日時を事前に会社に申し出て、書面での承認を得るものとする。ただし、緊急を要し、事前の承認が得られない場合は、事後に速やかに承認を求めるものとする。

5　法定労働時間を超える労働または法定休日の労働は、所轄労働基準監督署長に届け出た書面による労使協定に定める範囲を超えて行わせないものとする。

6　法定労働時間を超える労働をさせた場合や、法定休日または深夜の労働をさせた場合は、賃金規程に従い割増賃金を支払うものとする。

7　法定労働時間を超える労働や、法定休日または深夜の労働により疲労が蓄積し、労働安全衛生法で定める医師による面接指導の対象となる従業員は、会社に申し出ることで、医師による面接指導またはこれに準ずる措置を受けることができるものとする。

8　前項による面接に先立ち、会社は産業医などの医師に対して、保有する特定個人情報ならびに個人情報を提供し、面談が行われた場合は、医師による意見を聴くことができるものとする。

第47条（時間外、休日、および深夜労働の制限）　小学校就学前の子の養育を行う従業員、または、2週間以上の期間にわたり家族の介護を行う従業員で、時間外労働を短いものとすることを申し出た者による法定労働時間を超える労働は、前条第4項の協定に定める範囲を超えてさせず、かつ、1か月について24時間、1年について150時間を超えてさせないものとする他、当該従業員には深夜勤務を命じないものとする。ただし、法令による適用除外者については、この限りではない。

2　妊娠中の女性および産後1年を経過しない女性であって会社に請求した者、および18歳未満の者については、法定労働時間を超える労働や、法定休日または深夜の労働、ならびに、いわゆる変形労働時間制

による労働をさせない。

3　会社は、前項の請求を行い、または請求により労働しなかったこと
　を理由に、解雇その他不利益な取扱いをしてはならない。

4　災害その他避けることのできない事由によって臨時の必要がある場
　合には、前条および本条第1項から前項までの制限を超えて、所定労
　働時間外または休日に労働させることがある。

第48条（適用除外）　下記の各号の一に該当する者については、本章の
　定める労働時間、休憩および休日に関する規則と異なる取扱いをする。

　(1)　管理監督の地位にある者または機密の業務を取り扱う者

　(2)　行政官庁の許可を受けた監視または断続的勤務に従事する者

第6章　休暇等

第49条（年次有給休暇）　採用日から6か月間継続して勤務し、所定労
　働日の8割以上出勤した従業員に10日の年次有給休暇を与える。その
　後1年間継続勤務するごとに、当該1年間において所定労働日の8割
　以上出勤した従業員に、以下の表（86ページの表参照）の通り勤続期間
　に応じた日数の年次有給休暇を与える。

2　前項の出勤率の算定にあたっては、年次有給休暇を取得した期間、
　産前産後の休業期間、育児・介護休業法に基づく育児休業期間・介護
　休業期間、および、業務上の傷病による休業期間は出勤したものとし
　て取り扱う。会社の都合により休業した日、および、休日出勤日は所
　定労働日の日数から除外する。

3　年次有給休暇の付与は、1日を単位とする。

4　年次有給休暇の期間は、所定労働時間労働したときに支払われる通
　常の賃金を支給する。

5　当該年度に新たに付与された年次有給休暇の全部または一部を取得
　しなかった従業員は、その残日数を翌年に限り繰り越して取得するこ
　とができる。

6　第1項および第50条の年次有給休暇が10日以上付与された従業員は、
　1年のうちの5日について、必ず年次有給休暇を取得しなければなら
　ない。

第50条（年次有給休暇の比例付与） 前条第１項の規定にかかわらず、週所定労働時間が30時間未満で、週所定労働日数が４日以下または年間所定労働日数が216日以下の従業員に対しては、以下の表（86ページの表参照）の通り勤続期間に応じた日数の年次有給休暇を与える。

第51条（年次有給休暇の取得手続） 前２条の年次有給休暇は、従業員が所定の届出用紙にてあらかじめ時季を指定して請求するものとする。ただし、従業員が請求した時季に年次有給休暇を取得させることが事業の正常な運営を妨げる場合は、他の時季に取得させることがある。

２　急病等で当日やむを得ず年次有給休暇を取得する場合は、必ず始業時刻の15分前までに連絡をしなければならない。この場合、会社は事後に医師の診断書の提出を求めることがある。

３　前項の連絡が度重なる場合は、年次有給休暇の取得ではなく欠勤として扱うことがある。

第52条（年次有給休暇の計画的付与） 前条の規定にかかわらず、労使協定を締結することにより、各従業員の有する年次有給休暇の日数のうち５日を超える部分については、あらかじめ時季を指定して取得させることがある。

第53条（時間単位の年次有給休暇） 第49条第３項の規定にかかわらず、時間単位の年次有給休暇（以下「時間単位年休」という）に関する労使協定を締結した場合は、年次有給休暇（前年からの繰越分を含む）のうち５日の範囲内において、従業員の希望に応じて時間単位年休を付与する。

(1)　時間単位年休付与の対象者は、すべての従業員とする。

(2)　時間単位年休を取得する場合における、１日の年次有給休暇に相当する時間数は８時間とする。

(3)　時間単位年休は、２時間単位で付与する。

(4)　従業員が取得した時間単位年休に対しては、１時間当たり、健康保険法第40条第１項に定める標準報酬月額の30分の１に相当する金額をその日の所定労働時間数で除して得られる金額の賃金を支給する。

(5)　上記以外の事項については、第49条の定めるところによる。

ポイント解説

■「休日」

　休日とは、労働者が労働契約において労働義務を負わない日のことです。労働基準法35条では、原則として、毎週少なくとも1回の休日を労働者に与えなければならないと定めています。つまり、法律上は週1回の休日があれば足ります。さらに、労働基準法では、休日を週のどの曜日に位置づけるべきかについても、とくに規定を設けていないため、休日は日曜日である必要もありません。

　ただし、労働基準法32条では、原則として、1週40時間、1日8時間という法定労働時間を設けています。この法定労働時間を守るための措置として、さらに休日を設ける必要があります。これは週休2日制の普及をめざすための定めであるといわれています。

　休日については、労働基準法が定める最低基準である原則1週1回の「法定休日」と、法定休日を超えて設けられる「法定外休日」に分類されます。両者の違いはどこにあるのかといえば、休日に労働させた場合の割増賃金の率に違いがあります。法定休日の労働は、35％の割増率を上乗せした時間単価で計算しなければならないのに対して、法定外休日の労働は、法定労働時間を超えた部分があれば、それについて25％の割増率を上乗せした時間単価で計算すれば足ります。

　ただし、異なる割増率を適用するためには、規程例のように、どの休日が法定休日になり、どの休日が法定外休日になるのかを明確にしておく必要があります。

■「休日の振替」

　業務上の必要性から、休日とされている日に労働をさせなければならない場合があります。このようなケースが想定される場合、あらかじめ振替休日の日を指定した上で、休日を労働日にできることを就業規則に定めておく必要があります。休日の振替は、労働契約で特定されている

休日を他の日に変更することになるため、その根拠が必要となることがその理由です（休日は就業規則の絶対的必要記載事項）。

事前に休日を振り替える場合も、1週1日の週休制の要件を満たす必要があります。そのため、振替休日の日を週休制の要件に反しないように指定しなければなりません。規程例は、これに配慮した形で記載されています。この要件を満たせば、休日は労働日として適法に振り替えることができ、休日だった日は休日ではなくなるため、休日労働としての割増賃金の支払いは必要ありません。ただし、その日の労働が法定労働時間を超える場合は、その超えた部分について、時間外労働としての割増賃金の支払いが必要になります。

▋「代休」

休日の振替が事前の措置であるのに対して、代休は事後の措置（事後の振替）だといえます。代休とは、休日に労働させた後に、別の日を休日として与えることです。

代休に関する法律上の取扱いは、休日の振替とは異なります。就業規則で定められた休日が、休日としての性格を変更されないまま労働日として使用されたことになるため、労働した日が法定休日であったときは、休日労働に対する割増賃金の支払いが必要です。

もっとも、代休日を与えることが法律上要求されているわけではありません。代休日を与えるにしても、その定め方については週休制の要件は適用されません。そうであっても、休日労働の後に代休を命じるためには、就業規則に定めておく必要があります。

▋「時間外、休日および深夜労働の制限」

労働基準法32条は、原則として1週40時間・1日8時間の法定労働時間を超えて労働させてはならないと定めており、法定労働時間を超える労働を時間外労働といいます。また、労働基準法35条は、原則として1週1日または4週4日の法定休日に労働させてはならないと定めており、

法定休日における労働を休日労働といいます。

　このように、時間外・休日労働は、原則として許されない労働になります。しかし、業務上の必要性も無視できませんので、時間外・休日労働をさせるためには、就業規則に定めるとともに、時間外・休日労働に関する労使協定（労働基準法36条に基づくので「三六協定」と呼ばれます）を締結し、所轄労働基準監督署長へ届け出ることが必要です。三六協定は単に締結するだけでは効力がなく、届け出ることによって有効となり、労働者に時間外・休日労働をさせても労働基準法違反として罰則を受けることがなくなります。

　以上の手続きを経て、三六協定に基づいて時間外・休日労働をさせることができるようになっても、例外的な労働であることに変わりはないため、使用者は割増賃金を支払う義務があります。

　もっとも、就業規則で定められた終業時刻後の労働すべてに割増賃金の支払いが必要になるわけではありません。たとえば、会社の就業規則で9時始業、17時終業で、昼休み1時間と決められている場合、労働時間は7時間ですから、18時まで「残業」しても1日8時間の枠は超えておらず、時間外労働にはなりません。この場合の残業を法定内残業といいます。法定内残業は時間外労働ではないため、使用者は割増賃金ではなく、通常の賃金を支払えばよいのです。

■ 三六協定の限度時間

原則の上限時間	臨時的な特別の事情があって 労使が同意する場合（年6か月まで）
	時間外労働 　…年720時間以内 時間外労働＋休日労働 　…月100時間未満、 　　2〜6か月平均80時間以内
1か月 45 時間以内、年 360 時間以内（休日労働含まず）	

また、時間外労働に関しては、原則として「1か月45時間、1年360時間」という上限があります。これより長時間の時間外労働をさせるには、特別条項付きの三六協定の締結が必要です。ただし、そのような協定を締結しても、時間外労働の時間は、①1年720時間以内に抑える、②1か月45時間を超える月は1年に6か月以内に抑える、③1か月100時間未満（休日労働の時間を含める）に抑える、④複数月の平均を月80時間以内（休日労働の時間を含める）に抑える、という規制に従わなければなりません。①～④の長時間労働の上限規制に違反した場合は、罰則の対象となります。

　その他、労働基準法では、妊産婦（妊娠中の女性および産後1年を経過しない女性）からの請求があった場合は、時間外労働・休日労働・深夜労働の免除を認めて、母体の保護を図っています（66条）。満18歳未満の年少者も、その保護の観点から三六協定による時間外・休日労働の適用が排除されるとともに、原則として深夜労働も認められていません（60、61条）。

▋「非常時災害の特例」

　災害等の事由により臨時の必要がある場合、所轄労働基準監督署長の許可を受けて、その必要の限度で時間外・休日労働をさせることが労働基準法上認められています（33条）。事態急迫のために許可を受ける余裕がない場合、事後にできるだけ早く届け出ます。

▋「適用除外」

　業務の特殊性から、労働基準法の労働時間・休日の原則についてのルールが適用されない場合があります（41条）。具体的には、本例にある管理・監督者や監視・断続労働従事者です。管理・監督者とは、経営者側に近い立場であり、労働条件の決定その他労務管理について権限や裁量を持つ労働者のことです。ただし、これらの適用除外者でも深夜労働に関するルールは適用除外になっていません。

過重労働を判断する基準について

　会社としては、労働者が健康障害を起こさないようにするため、労働者の労働時間を適切な時間内にとどめるように管理しなければなりません。よく言われる基準として「1か月に45時間（月45時間）までの残業時間」があります。月45時間という数字は、通常の人が1日7〜8時間の睡眠をとった場合に、残業時間に充当できる時間の1か月分の合計です（1日2〜2.5時間×20日間）。

　また、1か月の残業時間が80時間を超えているかどうかも1つの目安になります。月80時間という数字は、通常の人が1日6時間の睡眠をとった場合に、残業時間に充当できる時間（1日4時間の残業時間）を基準として、1か月に20日間働くものとして算出された数字です。

　1か月の残業時間が100時間以上の場合は、健康上のリスクが相当高まっているといえます。月100時間の残業は、1日5時間の残業を1か月に20日間行ったのと同等です。労働者に月100時間以上の時間外・休日労働をさせると、特別条項付きの三六協定を締結していても、罰則の対象となることに注意を要します。

「年次有給休暇」

　年次有給休暇（年休）とは、一定期間継続して勤務した労働者に対し、権利として保障された休暇です（労働基準法39条）。年次有給休暇については、労働しない日に賃金が支払われる「有給」の休暇であることと、目的を問わず自由に取得できることが特徴です。

・年次有給休暇の発生要件

　年次有給休暇の発生要件は、労働者が6か月間継続勤務し、全労働日の8割以上出勤することです。この要件を満たすことによって、所定の日数分の年次有給休暇が当然に発生します。

　ここで「継続勤務」については実質的に判断され、労働者が同一企業に在籍していればよいとされています。たとえば、定年退職者の嘱託としての再雇用、パートタイム労働者から正社員への勤務形態の変更、在

籍出向などの場合、労働関係が中断していない限り、継続勤務として扱われます。一方、転籍の場合は同一企業に在籍していないことになるため、継続勤務として扱われないケースもあります。

　「全労働日」とは、労働義務がある日のことです。そのため、労働義務がない日（休日など）は、全労働日に含みません。一方、業務上の疾病による療養のための休業期間、産前産後の休業期間、育児・介護休業法に規定する育児・介護休業の取得期間、年次有給休暇を取得した期間は、全労働日には含まれますが、出勤したものとみなします。

・年次有給休暇の日数

　年次有給休暇の発生要件を満たした労働者については、採用後、暦月で6か月を経過した日に10日の年次有給休暇が発生します。その後2年間は、勤務期間1年ごとに1日ずつを10日の休暇日数に加算し、それ以降は、勤続期間1年ごとに2日ずつを加算していき、最大日数は20日となります。このため、勤続期間6年6か月の経過をもって最大日数である20日の年次有給休暇を取得することになります。

　年次有給休暇が発生する労働日は、原則として暦日（0時〜24時までの24時間）計算によります。そのため、一昼夜交代勤務制のように1勤務が2日にわたる場合に年休を取得すると、2労働日分を消化したことになります。ただし、交代制における2日にわたる1勤務または常夜勤勤労者の1勤務については、その勤務時間を含む継続24時間を1労働日として年次有給休暇を与えることができます。

　なお、年次有給休暇日の賃金は、就業規則その他の定めにより、平均賃金または所定労働時間労働した場合に支払われる通常の賃金とするのが原則です。ただし、労使協定がある場合は、健康保険法40条1項に規定する標準報酬月額の30分の1に相当する金額（標準報酬日額）とすることができます。

・年次有給休暇の起算日

　年次有給休暇の起算日は労働者の雇入れ日ですが、その発生日が労働者ごとに異なり、管理が煩雑になります。そこで、管理をシンプルにす

るため、特定の締切日を設定することが認められています。具体的には、継続勤務6か月未満の者に対し、特定の締切日までの間で6か月に達しない期間を出勤したとみなす方法が認められています。これにより、全労働者に年次有給休暇を統一的に付与することができます。

▌「年次有給休暇の比例付与」

パートタイム労働者やアルバイトなどの年次有給休暇は、所定労働日数が週4日を超える者、所定労働日数が年216日を超える者、所定労働日数が週4日以下でも所定労働時間数が週30時間以上の者に対しては、正社員と同じ日数の年次有給休暇の付与が必要です。

これに対し、所定労働日数や所定労働時間数が少ない場合は、これに応じて比例的に年次有給休暇を付与できます。これを比例付与といいます。具体的には、週4日以下に該当した上で、週30時間未満の者または年216日以下の者は、規定例のように、所定労働日数に比例した形で減じられた日数分の年次有給休暇が付与されます。

■ 年次有給休暇の成立要件

労働者が　6か月間継続勤務　し、　全労働日　の8割以上勤務すること

○　実質的に同一企業に在籍していると判断できる場合 ・定年退職者を再雇用 （定年の前後を通してカウント） ・在籍出向 （出向の前・中・後を通してカウント）	○　労働契約上労働義務を課されている日 ○　法律上出勤したものとみなされる日 ○　年次有給休暇で会社を休んだ日
×　実質的に同一企業に在籍しているとは判断できない状況の場合	×　労働義務を課されていない休日 ×　生理休暇 ×　慶弔休暇
×　6か月間継続して勤務していない場合	

第1章　就業規則の規定例と作成ポイント

■■「年次有給休暇の取得手続」

　労働者は取得した年次有給休暇の行使の手段として、年次有給休暇の取得日を具体的に指定する時季指定権をもっていますが、法律上、時季指定の手続きは規定されていません。しかし、会社側にも業務の都合があり、直前に時季指定がなされると代替要員を確保できず、通常の業務に支障をきたすことにもなりかねません。そのため、労働者が年次有給休暇にかかる休暇届を提出する前に、直属の上司に取得日を打診し、内諾をもらっておくことがよく行われています。ただ、法律上は、時季指定権の行使について会社側の承諾は不要である点に留意が必要です（会社側は後述する時季変更権の行使が可能です）。

　「年次有給休暇を取得しようとする日の3日前までに、会社に休暇届を提出する必要がある」など、時季指定を休暇予定日の一定日数前に行わなければならないと定める規定は、相当日数を超えた日に時季指定を求めるようなものは許されないものの、業務上、合理的な範囲内の日数であれば、かまわないものとされています。

■ 有給休暇取得日数（就業規則77、78ページ第49条、第50条の表）

労働日数　　　　　　継続勤務年数	0.5	1.5	2.5	3.5	4.5	5.5	6.5以上
①通常の労働者、週の所定労働時間が30時間以上の短時間労働者	10	11	12	14	16	18	20
②週の所定労働時間が30時間未満の労働者							
週の所定労働日数が4日または1年の所定労働日数が169日～216日までの者	7	8	9	10	12	13	15
週の所定労働日数が3日または1年の所定労働日数が121日～168日までの者	5	6	6	8	9	10	11
週の所定労働日数が2日または1年の所定労働日数が73日～120日までの者	3	4	4	5	6	6	7
週の所定労働日数が1日または1年の所定労働日数が48日～72日までの者	1	2	2	2	3	3	3

線で囲んだ日数を付与された労働者は年休の5日付与義務の対象者

これに対し、欠勤後にその欠勤を年休に充当するという事後の時季指定はできず、会社側に年休取得の効果を強制することはできないとされています。ただし、直属の上司などの同意を条件として、事後の時季指定を任意に認めることを就業規則に定めることは可能です。

■「時季変更権の行使」

労働基準法は、労働者が時季指定権を行使した場合でも、事業の正常な運営を妨げる場合においては、他の時季にこれを与える（振り替える）ことができると定めています。使用者のこのような権利を時季変更権といいます。年次有給休暇の時季指定は労働者が自らの権利として一方的に行うことができますが、使用者側の経営上の都合にも配慮が必要であるため、使用者には時季変更権が認められています。

時季変更権の行使事由である「事業の正常な運営を妨げる場合」に該当するには、当該労働者の年休取得日（時季指定日）の労働がその者の担当業務の運営にとって不可欠であり、かつ代替要員を確保するのが困難であることが必要です。そのため、業務運営に不可欠な者からの時季指定であっても、使用者が代替要員確保の努力をしないまま直ちに時季変更権を行使することは許されません。

これに対して、勤務割を変更することが可能な状態になかったと客観的に判断できる場合には、代替要員を確保するための具体的行為をしなくてもよいとされています。もっとも、恒常的な人員不足のために代替要員の確保が常に困難という状況であれば、労働者の時季指定により業務の全部または一部が遂行できないおそれがあっても、事業の正常な運営を妨げる場合にはあたらないと判断されます。また、労働者が長期かつ連続の期間にわたる時季指定をした場合は、使用者において代替要員を確保することの困難さが増大するなど事業の正常な運営に支障をきたす可能性が大きくなるため、使用者による時季変更権行使の裁量の幅が広くなり、時季変更権が認められやすくなります。

年次有給休暇をどのように利用するかは、労働者の自由であるため、

労働者は時季指定権を行使する際に利用目的を告げる必要はありません。

　そして、労働者が時季指定をする際、使用者が利用目的を尋ねて休暇の可否を決めるというように、年次有給休暇の取得を使用者の許可の下に置くことは許されません。ただし、時季指定をした労働者全員に休暇を取得されると事業の正常な運営を妨げる場合に、使用者がどの労働者に対し時季変更権を行使するのかを判断するため、任意に利用目的をたずねることは認められます。

█ 基準日の設定と分割付与

　年次有給休暇の付与にあたり「基準日」を設定し、管理上の負担を軽減する「斉一的取扱い」を採用することが認められています。実務上は、毎年4月1日または10月1日を基準日とし、その日に全労働者に対し一斉に年次有給休暇を付与するケースが多いようです。新入社員などについては、法定の年次有給休暇の付与日数を一括して与えずに、その日数の一部を法定基準日（労働基準法に規定に基づいて年休が付与される日）以前に付与することもできます（分割付与）。

　なお、使用者は、年10日以上の年次有給休暇が付与されている労働者に対し、法定基準日から1年以内に、時季を指定して5日以上の有給休暇を与えなければならないという時季指定義務を負っています（斉一的取扱いによる基準日を設定している場合は、基準日から1年以内に5日以上の有給休暇を与えなければなりません）。ただし、労働者の時季指定による年次有給休暇の取得日数分や計画年休の取得日数分は、時季指定義務の対象から除かれます。たとえば、労働者の時季指定による年次有給休暇の取得日数分が3日である場合、使用者は残りの2日分について時季指定義務を負います。

█ 「計画年休（年次有給休暇の計画的付与）」

　労使協定によって年次有給休暇を与える時季についての定めを置けば、その定めに従って与えることができます。これを計画年休（年次有給休

暇の計画的付与）といいます。ただし、労働者が個人的に利用するための年次有給休暇も必要であるため、5日分は労働者が自由に取得できるようにしておき、5日を超える部分について計画年休が認められます。

　計画年休の方式としては、①事業場全体での一斉付与方式、②班別の交替制付与方式、③年次有給休暇付与計画表による個人別付与方式、などがあります。

██「年次有給休暇の消滅」

　年次有給休暇は1年間で消化するのが原則です。しかし、一般的には当該年で取得されなかった年次有給休暇の繰越しを認め、発生日から2年の時効にかからない限り、翌年以降も行使できるという取扱いがなされています。繰越しが認められると、労働者が有する年次有給休暇は、当該年の分と前年からの繰越し分が混在することになります。この場合、繰越し分を先に消化するのか、当該年に取得した分を先に消化するのか、いずれの方法によるかを明確に記載するようにします。

　年休権（年次有給休暇を取得する権利）の消滅については、当該年に消化しきれなかった年次有給休暇について、使用者による買い上げが認められるかという問題がありますが、積極的に買い上げることは認めら

■ 計画年休制度

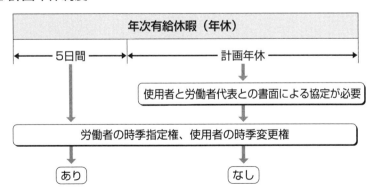

89

れていません。また、事前に賃金などの対価を支払い、年休権を放棄させる行為については、年次有給休暇の制度を無に帰するおそれがあるため、労働者が合意していたとしても認められません。

　しかし、年休権が時効や退職によって未消化のまま消滅しようとするときに、それに代わる金銭を支払うことは違法ではないと考えられています。その他、年休権の2年の消滅時効を会社が独自に延長し、何年間かにわたって行使できるとする方法も考えられます。この方法は労働者に有利であるため許されます。ただし、独自に延長した分は労働基準法上の年次有給休暇ではなくなるため、会社独自に取扱いの方法を決めておく必要が生じます。

▌「時間単位年休（時間単位の年次有給休暇）」

　年次有給休暇は時間単位での取得もできます（時間単位年休）。ただし、時間単位で取得できるのは、前年からの繰越分も含めて年5日が限度です。また、分単位の端数は1時間に切り上げて取得させなければなりません。たとえば、1日の所定労働時間が8時間であれば、1日分の有給休暇に相当する時間数を8時間にできます。一方、1日の所定労働時間が7時間30分の会社では、30分の端数が出ますので、有給休暇1日の時間数を7時間とはできず、1時間に満たない時間数は1時間に切り上げる必要があります。

　時間単位年休を導入するには、労使協定を締結し（届出は不要です）、就業規則で定める必要があります。労使協定では、ⓐ時間単位年休の対象労働者の範囲、ⓑ時間単位年休の日数（前年繰越分を含めて5日以内が限度）、ⓒ有給休暇1日の時間数（1日の所定労働時間数を下回らないこと）、ⓓ1時間以外の時間を単位とする場合の時間数、を定めます。なお、必ずしも1時間単位とする必要はなく、2時間単位、3時間単位などとすることもできます。

7 出産・育児・介護関係・その他の休暇

〈第6章　休暇等　つづき〉

第54条（産前産後の休業）　6週間（多胎妊娠の場合は14週間）以内に出産する予定の女性従業員から請求があったときは、休業させる。

2　出産した女性従業員は、産後8週間は休業させる。ただし、産後6週間を経過した女性従業員から請求があったときは、支障がないと医師が認めた業務に就かせることができる。

3　前2項の休業期間は無給とする。

第55条（生理休暇）　生理日の就業が著しく困難な女性従業員から請求があったときは、必要な期間の休暇を与える。

2　前項の休暇は、無給とする。

第56条（育児時間）　生後1年に達しない乳児を育てる女性従業員があらかじめ申し出た場合は、第38条の所定休憩時間の他、1日について2回、それぞれ30分の育児時間を与える。

2　前項の育児時間は、本人の請求により、一括して始業または終業時に与えることができる。

3　前2項の育児時間は、無給とする。

第57条（育児休業等）　労働者のうち必要のある者は、育児・介護休業法に基づく育児休業、出生時育児休業、育児のための所定外労働、時間外労働及び深夜業の制限並びに育児短時間勤務（以下「育児休業等」という）の適用を受けることができる。

2　育児休業等の取扱いについては、「育児介護休業規程」で定める。

第58条（介護休業等）　労働者のうち必要のある者は、育児・介護休業法に基づく介護休業、介護のための所定外労働、時間外労働及び深夜業の制限並びに介護短時間勤務（以下「介護休業等」という）の適用を受けることができる。

2　介護休業等の取扱いについては、「育児介護休業規程」で定める。

第59条（子の看護休暇、介護休暇）　労働者のうち必要のある者は、育児・介護休業法に基づく子の看護休暇及び介護休暇の適用を受けることができる。

2　子の看護休暇、介護休暇の取扱いについては、「育児介護休業規程」で定める。

第60条（母性健康管理のための休暇等）　妊娠中または出産後1年を経過しない女性従業員から、所定労働時間内に母子保健法に基づく健康診査または保健指導を受けるため、通院に必要な時間について休暇の請求があったときは、通院休暇を与える。

2　妊娠中または出産後1年を経過しない女性従業員から、保健指導または健康診査に基づき勤務時間等について医師等の指導を受けた旨の申出があった場合は、下記の措置を講ずる。

(1)　妊娠中の通勤緩和

通勤時の混雑を避けるよう指導された場合は、原則として、1時間以内の勤務時間の短縮または1時間以内の時差出勤

(2)　妊娠中の休憩の特例

休憩時間について指導された場合は、適宜休憩時間の延長、休憩の回数の増加

(3)　妊娠中または出産後の諸症状に対応する措置

妊娠または出産に関する諸症状の発生または発生のおそれがあるとして指導された場合は、その指導事項を守ることができるようにするための作業の軽減、勤務時間の短縮、休業等

3　前2項の母性健康管理のために就労しなかった時間は、無給とする。

4　第2項第3号の作業の軽減等の措置を受けたときは、作業内容の変更に伴い、賃金を見直すことがある。

第61条（特別休暇）　試用期間終了後の従業員の慶弔、公事のため、次の各項の特別休暇を与える。この休暇を取る場合は、あらかじめ所定の様式により所属長に届け出なければならない。

(1)　本人が結婚するとき　7日

(2)　配偶者が死亡したとき　5日

(3) 父母（養父母、継父母、および、配偶者の父母を含む）または子（養子を含む）が死亡したとき　5日

(4) 妻が出産するとき　3日

(5) 兄弟姉妹が死亡したとき　2日

(6) 子（養子を含む）が結婚するとき　2日

(7) 天災その他の災害に遭ったとき　会社が必要と認めた期間

(8) その他各号に準じ会社が必要と認めたとき　会社が必要と認めた期間

2　前項の特別休暇期間は、当該事情の発生した日から連続するものとし、期間中に介在する休日は特別休暇日数に通算して計算する。

3　第1項第1号の結婚とは、当該従業員にかかる婚姻届を公的機関が受理した日をもって当日とする。ただし、会社が別途認めた場合には、当該別途認めた日をもって当日とする。

4　特別休暇を請求しようとする者は、原則として事前に所定の手続きにより会社に承認を得なければならない。

5　第1項の特別休暇期間は、有給とする。

第62条（公民権行使および裁判員休暇）　従業員が、勤務時間中に選挙その他公民としての権利を行使するため、あらかじめ申し出た場合は、それに必要な時間を与える。

2　従業員から以下の申出があった場合、第49条に規定する年次有給休暇とは別に裁判員休暇を与える。

(1) 裁判員候補者として裁判所に出頭するとき

(2) 裁判員または補充裁判員として裁判審理に参加するとき

3　前2項の就労しなかった時間は、無給とする。

ポイント解説

■「産前産後の休業」

　労働基準法の定めにより、6週間（多胎妊娠の場合は14週間）以内に出産する予定の女性が休業を請求した場合、使用者は、その者を就業さ

せることはできません（産前休業）。

　これに対し、産後8週間（医師が認めた場合は6週間）以内の女性は、本人が希望しても、原則として、使用者が就業させることは禁止されています（産後休業）。

　産前休業は、本人の請求に基づき与えられる休業です。妊娠出産は疾病ではありません。出産前の母体の状況も、人により異なります。出産ぎりぎりまで働くことを希望する女性もいれば、産前はゆっくり休養を取りたい場合や、状況によっては入院などを要する場合もあります。そのため、産前休業は本人の意思に任せられています。

　これに対し、産後休業は、出産して間もない母子を保護する観点から、本人の請求の有無にかかわらない強制休業とされています。ただし、最後の2週間については、本人が請求し、医師が就業に支障が無いと認めた業務に限り、就業させることが認められます。

　産前産後の休業中は、就業規則に有給の定めがない限り無給となりますが、無給の場合は健康保険より出産手当金が支給されます。具体的には、出産予定日以前42日間（多胎妊娠の場合は98日間）と出産の翌日以後56日間について、1日当たり標準報酬月額の30分の1に相当する額の3分の2が支給されます。なお、実際の出産日が出産予定日より遅れた場合、その遅れた期間についても出産手当金が支給されます。

▍「生理休暇（生理日の就業が困難の場合の休暇）」

　労働基準法の定めにより、生理日の就業が著しく困難な女性労働者が休暇を請求したときは、その者を就労させてはなりません。生理休暇の日を無給・有給どちらにするかは就業規則に定めます。

▍「育児時間」

　労働基準法の定めにより、使用者は1歳未満の生児を育てる女性労働者が請求したときは、法定の休憩時間の他、1日2回それぞれ少なくとも30分の育児時間を与えなければなりません。

▌「育児休業等」

　育児休業とは、育児・介護休業法に基づき、労働者が原則１歳に達するまでの子を養育する場合に、事業主に申し出ることで取得できる休業です。育児休業は男女を問わず取得できますが、出産した女性の場合は、産後８週間の産後休業があるため、産後休業の終了日の翌日から育児休業を取得する形になります。それ以外の人（主として男性）の場合は、子の出産日から原則１歳に達するまでの育児休業を取得できます。ただし、子を保育所に入所させることができないなど、特段の事情があれば、最大で子が２歳に達するまで育児休業期間の延長が認められています。なお、育児休業は、子が１歳に達するまで、子が１歳６か月に達するまで、子が２歳に達するまで、のそれぞれの期間について分割して２回取得可能です。

　その他にも、育児・介護休業法では、男性の育児休業の取得を促すため、パパ・ママ育休プラスと産後パパ育休（出生時育児休業）の制度を設けています。前者の制度は、子の母親と父親がともに育児休業をとる場合に、育児休業期間を子が１年２か月に達するまで延長する制度です。

■ 産前休業と産後休業

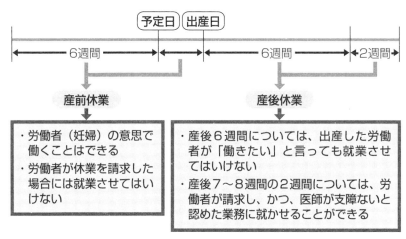

後者の制度は、令和4年（2022年）10月から導入された新しい制度であり、出産した女性以外の人が、子の出生後8週間以内に4週間まで取得可能である休業です（分割して2回取得可能）。

　育児休業を取得した人には、雇用保険から育児休業給付金が支給されます。育児休業給付金の支給額は「休業開始時賃金日額×支給日数×67％（育児休業の開始から180日経過後は50％）」です。

　育児休業やその後の所定外労働・時間外労働・深夜業の制限などについては、制度の内容が非常に複雑になっていることから、就業規則の本則とは別に「育児介護休業規程」（207ページ）などを設け、その詳細を定めるのが一般的です。

■■「子の看護休暇、介護休暇」

　育児・介護休業法の定めにより、小学校就学前の子を養育する労働者が請求した場合、事業主は、1年間につき5日（小学校就学前の子が2人以上の場合は10日）を限度とし、病気やケガをした子の世話をするためや、子に予防接種や健康診断を受けさせるなどのため、子の看護休暇を取得させなければなりません。1日単位だけでなく時間単位での取得も可能です。

　また、家族（配偶者・父母・子など）が要介護状態である労働者が請求した場合、事業主は、1年間につき5日（該当する家族が2人以上の場合は10日）を限度とし、家族の介護やそれに関わる手続きなどの世話をするため、介護休暇を取得させなければなりません。1日単位だけでなく時間単位での取得も可能です。

■■「介護休業等」

　育児・介護休業法の定めにより、労働者は、要介護状態にある家族を介護するため、対象家族1人につき通算93日まで、3回を限度として介護休業の取得が認められます。介護休業中の賃金が無給である場合は、雇用保険から「休業開始時賃金日額×支給日数×67％」の介護休業給付

金が支給されます。介護休業や介護に関する所定外労働・時間外労働・深夜業の制限などについては、制度の内容が非常に複雑になっていることから、就業規則の本則とは別に「育児介護休業規程」（207ページ）で定めるのがよいでしょう。

■「母性健康管理のための措置」

男女雇用機会均等法では、母子保健法に基づく妊娠中および出産後の女性労働者に対する保健指導や健康管理のため、事業主に対し、必要な時間を確保することを義務づけています。また、母子保健法に基づく医師からの時差出勤や時短勤務、休憩時間や休憩回数の追加、作業の制限などの指導を受けた場合は、その指導に応じた措置を講じることも義務づけています。

■「特別休暇」

会社の制度上、労働者が労働日において労働義務から解放される権利のある日として、諸種の「休暇」を定める場合があります。もともと労働義務のない日とされる休日とは異なり、休暇は労働義務がありながら特別に労働義務を免除される日のことです。

特別休暇は、年次有給休暇と異なり、法律上は与えることが会社に義務づけられた休暇ではありません。そのため、特別休暇の成立要件や効果などは、各会社の事情に応じた取り決めにゆだねられています。つまり、特別休暇として与える日数や、その日を有給とするか無給とするかなどを、会社が任意に決定することができます。

特別休暇は、冠婚葬祭など従業員の私的な特別事情に応じた休暇を定める場合が多いため、「慶弔休暇」と同義としている会社が多いようです。また、やむを得ない事情（災害が発生した場合など）における休暇を特別休暇とするケースもあります。

もっとも、特別休暇も「休暇」に関する事項であるため、就業規則の絶対的必要記載事項にあたります。そのため、就業規則の作成義務のあ

る事業場において特別休暇を設ける際は、必ず就業規則に規定した上で、その届出をしなければなりません。

▌「公民権行使および裁判員休暇」

公民権の行使とは、選挙権や被選挙権の行使、国会議員や地方議会議員としての職務など、公的な権利または職務遂行に関わる行為をすることです。労働基準法の定めにより、使用者は、労働者が選挙権その他公民としての権利を行使し、公の職務を執行するために必要な時間を請求した場合、その行使・執行の時期が労働時間内であっても、その請求を拒んではなりません。

公民権の行使には、裁判員制度による裁判員としての出頭も含まれます。裁判員制度は国の定める法律に基づいて行われるため、裁判員に選任された場合は原則として辞退ができず、平日昼間の3〜5日ほどの期間にわたり、審理が行われる地方裁判所に行かなければなりません。上記の通り、公民権の行使を拒むことができないため、使用者は、裁判員に選任された労働者に辞退を強いることはできず、出頭期間中は休暇を与える必要があります。

しかし、公民権の行使期間については、ノーワーク・ノーペイの原則が適用されるため、これらの期間中の賃金支払いについては各会社の判断にゆだねられます。たとえば、使用者には、裁判員の職務を行うために休暇を取得した期間（裁判員休暇期間）中に賃金を支払う義務がありません。なお、裁判員休暇期間について、政府は有給休暇制度を設けるように各経済団体や企業などに働きかけをしているのが現状です。大手企業などでは、有給の特別休暇を与えるように就業規則上に規定を設けているところもあります。

8 賃金、退職金、表彰、懲戒

第7章　賃金、退職金等

第63条（給与、賞与）　従業員に対する給与および賞与に関する事項は、「賃金規程」に定める。

第64条（退職金）　従業員に対する退職金に関する事項は、「退職金規程」に定める。ただし、懲戒解雇に相当する事由があった者、または、退職後に懲戒解雇に相当するような事由が判明した者には、退職金を支給しない。

第65条（慶弔見舞金）　従業員の慶弔、傷病、または、罹災の際は、それぞれ祝金、見舞金、または、弔慰金を別に定めた「慶弔見舞金規程」によって支給する。

第8章　表彰、懲戒
第1節　表彰

第66条（表彰）　会社は、従業員が以下の各号の一に該当する場合は、審査の上、表彰することができる。

⑴　業務上有益な創意工夫、改善を行い、会社の運営に貢献したとき

⑵　永年（10年および20年）にわたって誠実に勤務し、その成績が優秀で他の模範となるとき

⑶　社会的功績があり、会社および従業員の名誉となったとき

⑷　事故、災害等の発生を未然に防ぎ、または、非常事態に適切に対応し被害の発生を最小限にとどめるなど、とくに功労があったとき

⑸　前各号に準ずる善行または功労があったとき

2　会社は、原則として、会社の創立記念日において、前1年間にかかる表彰を行う。

第67条（表彰の方法）　表彰は、下記の各号の1つまたは2つ以上を併

せて行う。

(1) 表彰状の授与

(2) 賞金または賞品の授与

(3) 特別休暇の付与

2　前項の決定は、賞罰委員会においてこれを行う。

第2節　懲戒

第68条（懲戒）　会社は、企業秩序、職場規律に違反した従業員に対して、懲戒を行うことができる。

第69条（懲戒の種類）　懲戒は、その情状に応じ、下記の区分により行う。

(1) けん責　始末書を提出させて将来を戒める。

(2) 減給　始末書を提出させて減給する。ただし、減給は1回の額が平均賃金の1日分の5割を超えることはなく、また、総額が1賃金支払期間における賃金の1割を超えることはない。

(3) 出勤停止　始末書を提出させる他、原則として30日間を限度として出勤を停止し、その間の賃金は支給しない。

(4) 降格　始末書を提出させる他、職務上の地位、資格を引き下げる。

(5) 諭旨退職　始末書を提出させる他、退職願を提出するよう勧告し、勧告した日から5日以内にその提出がないときは解雇する。解雇にあたっては、第21条の手続による。退職金は情状を考慮して一部を支給しないことがある。

(6) 懲戒解雇　予告期間を設けることなく即時解雇するとともに、退職金は支給しない。なお、所轄労働基準監督署長の認定を受けたときは、解雇予告手当（平均賃金の30日分）を支給しない。

第70条（併科）　前条各号の懲戒は、情状により併科することがある。

第71条（けん責、減給、出勤停止および降格）　次の各号の一に該当する場合は、けん責、減給、出勤停止または降格にする。ただし、情状によって戒告（将来を戒めるもの）に止めることがある。

(1) 正当な理由なく無断欠勤が連続3労働日以上に及んだとき

(2) 正当な理由なく、しばしば欠勤、遅刻および早退をするなど、勤務状況が不良なとき

(3)　過失により、業務上の事故または災害を発生させ、会社に重大な
損害を与えたとき

(4)　素行不良で会社内の秩序もしくは風紀を乱したとき、または乱そ
うとしたとき

(5)　タイムカードの不正打刻をしたとき、または依頼したとき

(6)　相手方の望まない性的言動により円滑な職務遂行を妨げ、職場の
環境を悪化させ、またはその性的言動に対する相手方の対応によっ
て一定の不利益を与える行為をしたとき

(7)　勤務時間中に、睡眠、職務離脱その他職務怠慢と見られる行為が
あったとき

(8)　業務の能率を阻害し、または業務の遂行を妨げたとき

(9)　正当な理由なく業務上の指揮命令に違反したとき

(10)　業務上の書類、伝票等を改ざんし、または虚偽の申出もしくは届
出をしたとき

(11)　許可なく会社の物品を持ち出し、または持ち出そうとしたとき

(12)　会社の名誉、信用を傷つけたとき

(13)　会社の秘密を漏らし、または漏らそうとしたとき

(14)　他の従業員との協調性に欠け、不当に中傷するなどして業務に支
障をきたしたとき

(15)　インターネットにて業務に関係のないWEBサイトを閲覧し、会
社の電子メールで私的な内容をやりとりするなど、会社のパソコン、
備品、および、設備（車両等も含む）を許可なく使用したとき

(16)　会社の財産を盗み、横領し、または、背任するなどの不正行為が
あったとき

(17)　許可なく会社施設内において、業務に関係のない集会やビラの配
布またはビラ貼り等を行ったとき

(18)　その他第25条の服務心得規定に違反する行為があった場合で、そ
の事案が軽微なとき

(19)　安全衛生に関する法令の規定または第9章の規定に違反したとき

(20)　その他この就業規則に違反したとき

(21)　その他前各号に準ずる不都合な行為があったとき

第72条（論旨退職、懲戒解雇） 次の各号の一に該当する場合は、懲戒解雇を行う。ただし、情状によって論旨退職に止めることがある。

(1) 正当な理由なく、無断欠勤が連続5労働日以上に及び、出勤の督促に応じないとき

(2) しばしば遅刻、早退および欠勤を繰り返し、そのため会社の業務運営に著しい支障を与え、所属上司が数回にわたって注意を与えても改善の見込みがないとき

(3) 故意または重大な過失により、業務上の事故または災害を発生させ、会社に重大な損害を与えたとき

(4) 素行不良で会社内の秩序または風紀を著しく乱したとき

(5) 正当な理由なく、しばしば業務上の指示、命令に従わなかったとき

(6) 会社内における窃盗、横領、傷害等刑法犯に該当する行為があったとき（当該行為が軽微な違反である場合を除く）、または、これらの行為が会社外で行われた場合であり、それが著しく会社の名誉もしくは信用を傷つけたとき

(7) 私生活上の非違行為、または、会社への誹謗中傷等によって、会社の名誉、信用を傷つけ、業務に重大な悪影響を及ぼしたとき

(8) 職務上の地位を利用し、第三者から報酬を受け、または、もてなしを受けるなど、自己の利益を図ったとき

(9) 会社の許可なく業務に関して金品等の贈与を受けたとき

(10) 暴行、脅迫その他不法行為をして、著しく従業員としての体面を汚したとき

(11) 会社の業務上重要な秘密を外部に漏洩して会社に損害を与え、または、業務の正常な運営を阻害したとき

(12) 重要な経歴を偽り、その他不正の手段によって入社したとき

(13) 会社の許可を受けず、在籍のまま他の事業の経営に参加し、または、労務に服し、もしくは、事業を営むとき

(14) 他の従業員との協調性に著しく欠け、故意に非協力的で会社の業務運営を妨げ、指導しても是正しないとき

(15) その他第25条の服務心得規定に違反する行為があった場合で、その事案が重大なとき

⒃　前条で定める処分を受けたが、なお改善の見込みがないとき

⒄　その他前各号に準ずる重大な行為があったとき

第73条（管理者の責任）　懲戒を受けた従業員の所属上司に対しても、業務に関する指導および管理の不行き届きを理由に、管理者として懲戒を行うことがある。ただし、当該上司が、指導、管理について必要な措置を講じたか、または、やむを得ない理由により講ずることができなかった場合は、この限りではない。

第74条（教唆、扇動、幇助）　他人を教唆して、第71条、第72条の懲戒該当行為をさせた者には、懲戒該当行為に準じて懲戒条項を適用する。他人を扇動して懲戒該当行為をさせた者についても同様とする。

２　懲戒該当行為をした従業員を幇助した者も、前項と同様とする。

第75条（損害賠償）　従業員が故意または重大な過失により会社に損害を与えた場合、会社は、従業員に対して、損害を原状に回復させるか、または、回復に必要な費用の全部もしくは一部を賠償させることがある。この責任は、懲戒されたとしても、および、退職後であっても、免れることができない。なお、従業員本人が、この責任を果たさないときは、身元保証人に責任を追及することがある。

ポイント解説

■「賃金」

　労働基準法11条では、賃金について「賃金、給料、手当、賞与その他名称の如何を問わず、労働の対償として使用者が労働者に支払うすべてのものをいう」と定義しています。つまり、労働の対価として会社から支払われるものは、すべて「賃金」に含まれます。

　労働者は、生活の糧となる賃金を求めて労働力を提供するため、賃金は労働契約においてもっとも重要な要素です。賃金の重要性を考慮して、賃金の決定・計算・支払いの方法、賃金の締切り・支払いの時期、昇給に関する事項は、必ず就業規則に記載しなければならない絶対的必要記

載事項（9ページ）とされています。そして、賃金に関する事項は多岐にわたるため、別規程として作成するのが一般的です。

▍「退職金」

退職金とは、労働者が退職に伴い、会社（使用者）から受ける金銭的給付のことです。退職金の制度は、終身雇用を基調とし、永年勤続を労う日本の労働慣行として、現在でも広く存在します。

退職金の算出方法の代表例が、退職時の基本給に勤続年数、年齢、役職などを考慮した一定の係数を乗じて算出する基本給連動型です。しかし、基本給連動型は退職金の額が高騰しやすいため、会社への貢献度をポイント化し、退職時までに積み立てたポイント数に単価を乗じて算出する方法に切り替える会社もあるようです。企業型確定拠出年金とは、会社が掛金を拠出し、従業員が運用する制度で、原則として60歳以降に受け取ることができます。転職先にも企業型確定拠出年金制度があれば、拠出の継続や運用実績を引き継ぐことが可能です。

▍「表彰」

会社への貢献度が高い従業員を表彰することは、社内秩序の健全化、従業員のモチベーションの維持や向上、会社に対する帰属意識の向上といったメリットがあります。

表彰の制度を設ける場合には、その種類や程度を就業規則に記載します（就業規則の相対的必要記載事項）。その上で、制度の詳細については、別途「表彰規程」を定めて記載するのがよいでしょう。

表彰の制度は、会社の業績に大きく貢献した者や、組織の活性化に尽力した労働者を、給与や賞与とは別の形で賞賛するもので、賞金に限定されず、賞品、旅行、休暇などを与えることもあるようです。特定の労働者によらず、部署全体を表彰の対象とすることもあります。

従業員にとっては、会社への貢献が認められ、喜びや達成感を強く感じられる良き機会といえるでしょう。その結果、会社への帰属意識も高

まることから、会社にとってもメリットがあります。

▍「表彰の方法」

　表彰の方法について、法律ではとくに規制を設けていません。したがって、表彰式を行うことや、記念品や賞金を授与する方法などを、会社側が任意に定めることができます。

　どのような方法をとるにせよ、表彰の目的を達成するためには、公平性を保つよう心がけなければなりません。従業員に公平性を疑われるような表彰を行った場合には、従業員のモチベーションや会社への帰属意識の低下など、期待していたものとはまったく逆の効果を生み出すおそれがあることに注意が必要です。

▍「懲戒」

　会社の秩序や利益を維持するため、規律違反行為をした従業員に制裁を加える必要が生じる場合があります。このような従業員の企業秩序違反行為に対する制裁のことを懲戒（懲戒処分）といいます。

　労働者と会社（使用者）は対等な関係として雇用契約を結んでいるため、会社が一方的に懲戒をすることは許されません。懲戒は就業規則を根拠として行うことが必要で、就業規則に懲戒に関する規定がなければ、会社は懲戒ができません（相対的必要記載事項）。

　就業規則には、懲戒の種類と懲戒事由を明確に示した上で、懲戒の手続きを記載します。懲戒が従業員に与える影響の大きさを考慮し、懲戒は段階的に行うのが一般的です。そのため、少なくとも懲戒解雇事由とそれ以外の事由は分けて規定すべきです。

　就業規則への懲戒の定め方は、ⓐ懲戒の種類ごとに事由を定める方法、ⓑ規定例のようにグループ（懲戒解雇事由とそれ以外）に分けて定める方法、ⓒ包括的に定めて懲戒の種類ごとの分類はしない方法などがあります。ⓐの方法はわかりやすいですが、個々の事情を考慮することもあるため、ⓑの方法が運用しやすいと考えられます。

さらに、規律違反行為と懲戒とのバランスに配慮する必要があります。軽微な行為に対し、初めから懲戒解雇にすると懲戒権の濫用として無効になるため、当該従業員に弁明の機会を与えることも重要です。この機会を与えない場合も懲戒は無効になります。

▌「懲戒の種類」

懲戒の種類としては、おもに次のようなものがあります。

・けん責

始末書を提出させて将来を戒めることです。なお、将来を戒めるだけで始末書の提出を伴わないものは「戒告」といいます。

・減給

労働者が現実に行った労務提供に対応して受けるべき本来の賃金額から一定額を差し引くことです。ただし、賃金は労働者の生活の糧となるため、減給1回の額が平均賃金の1日分の半額を超えてはならず、減給の総額が一賃金支払期における賃金総額の10分の1を超えてはならないという制限があります。なお、遅刻、早退、欠勤に対する賃金の差引きは、実際に労働しなかった時間に相当する金額だけの差引きであれば、ノーワーク・ノーペイの原則により、単なる賃金の計算方法といえます。しかし、それを超える額の差引きになると、減給の制裁と位置づけられます。

・出勤停止

労働契約を存続させたまま、労働者の就労を一定期間禁止することです。「自宅謹慎」あるいは「懲戒休職」とも呼ばれます。出勤停止の期間は、7日から30日以内に定めることが多いようです。

・降格（降職）

労働者への制裁として、職位や役職を引き下げる、職能資格制度における資格や職務等級制度における等級を引き下げることです。

・諭旨退職

退職願（辞表）の提出を勧告し、退職を求めることです。勧告に応じなければ、懲戒解雇の手続きに移行します。退職金の制度がある場合、

その全部または一部を支払うのが一般的です。

・**懲戒解雇**

　懲戒のうち最も重いものです。解雇予告をせずに即時に解雇がなされます。所轄労働基準監督署長の認定があれば、解雇予告手当（平均賃金の30日分以上）の支払いも不要です。退職金の制度があっても、その全部または一部を支給しないのが一般的です。このような退職金不支給条項は、賃金全額払いの原則に反せず有効と解されています。

　懲戒解雇は履歴書などの賞罰欄への記載義務がある事項であり、労働者が再就職するにあたっての重大な障害となります。したがって、役員会や賞罰委員会などによる慎重な決定が求められます。

▋「併科」

　併科とは、複数の懲罰を同時に科すことです。就業規則で定めていれば、複数の懲戒処分をすることができますが、さかのぼって二重に懲戒処分をすることのないようにする必要があります。併科については、懲戒処分の程度をより柔軟化するために定められるケースがありますが、基準があいまいになるという問題点もあります。

▋「懲戒の程度」

　前述したように、懲戒を行うには就業規則への記載が必要です（相対的必要記載事項）。労働者にとって不意打ちとなるため、就業規則に定めのない懲戒を行うことはできません。また、同一違反に対しては同一種類かつ同一程度の懲戒とすべきであり（平等取扱いの原則）、規律違反行為に相当する懲戒とすべきです（相当性の原則）。これらの原則に反する懲戒は、企業秩序維持のためとはいえ、懲戒権の濫用と評価され、無効とされるおそれがあるので注意が必要です。

▋「管理者の責任」

　規定例では、懲戒を受けた労働者について、業務に関する指導や管理

に不行き届きがあれば、その管理者である上司にも責任が発生すると考えられるため、懲戒の対象になることを定めています。

▌▌「教唆、扇動、幇助」

　教唆とは、懲戒の対象になる行為を実行する決意を生じさせるよう、他人をそそのかすことです。扇動とは、懲戒の対象になる行為をするよう煽り立てることです。幇助とは、懲戒の対象になる行為を容易にすることです。規定例では、これらを行った労働者も、企業秩序を侵害したといえるため、懲戒の対象になることを定めています。

▌▌「損害賠償」

　労働者の行為が労働者としての義務に違反し、または不法行為の要件を満たす場合は、民法に基づいた損害賠償責任が発生します。あらかじめ違約金を定めることや、損害賠償額の予定をすることはできないものの（労働基準法16条）、実損害（実際に生じた損害）について損害賠償請求をすることは認められています。

　しかし、経済力のあまりない労働者に多額の損害賠償金を支払わせることは、過酷な結果をもたらしかねません。一般的に、損害賠償金として請求できるのは実損害額の２～３割程度で、労働者に重過失（不注意の程度が著しいこと）があっても、実損害額の５割程度が限度とされています。

　労働者に身元保証人（28ページ）がいれば、身元保証人に賠償請求ができます。しかし、現実には身元保証人の責任範囲はかなり限定されているようです。

9 安全衛生・災害補償

第9章　安全衛生、災害補償等

第76条（遵守義務）　会社および従業員は、互いに協力して災害の予防に努めなければならない。

2　会社は、従業員の安全確保の改善や健康の保持増進を図り、快適な職場の形成のために必要な措置を講ずる。また、法令の定めるところにより、職場の安全衛生管理に当たらせるために、必要な管理者の選任を行う。

3　従業員は、勤務に支障がないように自らの健康の維持に努め、必要に応じて医師等の健康管理者の指導等を受けなければならないこととする。また健康状態に異常がある場合は、速やかに会社に申し出るとともに、診察を受け、回復に努めなければならない。

4　従業員は、会社が実施する労働安全衛生法第66条の10に基づくストレスチェックを受検するよう努めるものとする。ストレスチェックおよび同法第66条の8に基づく面接指導の詳細については、別途作成の規程による。

第77条（従業員の心得）　従業員は、次の各号に掲げる事項を守る他、その他職場の安全衛生のために会社が行う指示を遵守しなければならない。

(1)　会社が自衛消防隊を組織する場合は、必ず加入すること

(2)　火災その他の災害を発見し、またはその危険を予知したときは、直ちにこれを管理者または適当な者に報告してその指揮に従って行動すること

(3)　消火栓、消化器等の機器および資材の設置場所ならびにその取扱方法を熟知しておくこと

(4)　ガス、電気、危険物、有害物質等の取扱いは、所定の方法に従いとくに慎重に行うこと

(5) 通路、階段、非常口および消火設備のある場所に物品等を置かないこと

(6) 火気、電気、水道、ガス等を使用した者は、その後始末を確認すること

(7) 喫煙は所定の場所以外で行わないこと

(8) 立入禁止、通行禁止区域には立ち入らないこと

(9) 服装は業務に適したものにすること

(10) 事故発生の場合の緊急連絡および応急措置について熟知しておくこと

(11) 資格を要する業務に無資格で従事しないこと

(12) 会社が行う安全衛生教育で教わった事項を実行すること

第78条（健康診断） 従業員に対して毎年1回、深夜業その他特定有害業務に従事する者は6か月ごとに1回、それぞれ定期健康診断を行う。

2 前項の健康診断の他、法令で定められた有害業務に従事する従業員に対しては、特別の項目について健康診断を行う。

3 従業員は、正当な理由なく会社が行う健康診断を拒んではならない。ただし、他の医師の健康診断を受け、その結果を証明する書類を提出したときは、この限りではない。

4 第1項および第2項の健康診断の結果、とくに必要を認めるときは、一定期間の就業禁止、就業時間の短縮、配置転換、その他健康確保上の必要な措置を命ずることがある。

5 従業員が、会社の指示する健康診断を受診せず、再度の要請にも応じない場合は、第68条の懲戒規定の例により、懲戒処分を行う。ただし、会社がやむを得ない理由があると認めるときは、この限りではない。

6 健康診断実施の事務に従事した者は、その実施に関して、知り得た従業員の秘密を漏らしてはならない。

第79条（病者の就業禁止） 他人に伝染するおそれのある疾病にかかっている者、または、疾病（精神障害を含む）のため自己もしくは他人に害を及ぼすおそれのある者、その他医師が就業不適当と認めた従業員は、就業させない。

2 従業員は、同居の家族もしくは同居人が他人に伝染するおそれのあ

る疾病にかかり、またはその疑いのある場合には、直ちに会社に届け出て、必要な指示を受けなければならない。

3　前2項について、会社に原因がない場合には無給とする。

第80条（災害補償および通勤災害）　従業員が、業務上の事由により負傷し、疾病にかかり、後遺障害が残り、または、死亡した場合は、労働者災害補償保険法に定めるところにより保険給付を受けるものとする。従業員が当該保険給付を受ける場合は、その価額の限度で、会社は、同一事由について労働基準法に基づく災害補償の義務を免れるものとする。

2　従業員が、通勤により負傷し、疾病にかかり、後遺障害が残り、または、死亡した場合は、労働者災害補償保険法の定めるところにより保険給付を受けるものとする。

第81条（災害補償の例外）　従業員が、故意または重大な過失により、負傷、疾病、障害または死亡の原因となった事故を生じさせ、労働者災害補償保険法に基づく不支給決定があったときは、会社も労働基準法に基づく災害補償を行わない。

第82条（民事上の損害賠償請求との相殺）　従業員が業務災害により、会社に民事上の損害賠償請求をした場合、会社が当該業務災害を理由として労働者に支給した見舞金等の金銭があるときは、その金額を差し引くことができる。

第83条（業務外の疾病）　従業員が、業務外で、負傷し、疾病にかかり、後遺障害が残り、死亡し、または分娩した場合は、健康保険法または厚生年金保険法により扶助を受けるものとする。

ポイント解説

▌「遵守義務」

労働者の生命・身体・健康は、労働者の保護のためにも会社にとっても、何よりも大切で重要視されるものです。会社で業務を行わせること

により、労働者の生命・身体・健康が損なわれないようにするため、会社側は職場の設備・環境・体制を十分に整えた上で、労働者に病気や事故が発生しないよう常に心がけなければなりません。

　その一方で、労働者本人にも自身の健康を管理し、保持を心がけてもらう必要があります。いくら会社側が労働者を保護するための措置を講じても、労働者側に健康の管理・保持に対する自覚がなければ、効果が期待できないためです。就業規則では、健康の管理・保持のための労働者の義務に関する規定も明記する必要があります。

■「従業員の心得」

　労働安全衛生法では、労働者が労働災害防止に必要な事項を守り、事業者その他の関係者の労働災害防止措置に協力するよう努めなければならないと定めています（4条）。健康の管理・保持と同様に、労働災害を防止する方策として、労働者側の自己管理と協力が必要不可欠であるためです。労働安全衛生法では、労働者に対しても、安全衛生に関する基本的責務を負わせています。なお、労働安全衛生法が「使用者」でなく「事業者」と規定するのは、事業によって利益を得る主体（おもに会社などの法人）が責任を負うのを明確にするためであることと、同一の目的に向けて労働者が作業をする場所を「事業所（事業場）」というため、事業所ごとの管理が必要なことが理由とされています。

　就業規則には、職場の特徴に応じて、さまざまな状況に対応できるような内容を定めるのがよいでしょう。

■「健康診断」

　労働安全衛生法では、雇入れ時および定期に（原則1年以内ごとに1回）行う一般健康診断と、一定の有害業務に従事する労働者に対し行う特殊健康診断の実施を事業者に義務づけています。労働者にとって、健康診断の受診は労働安全衛生法が課している義務ですが、未受診に対する罰則はありません。もっとも、健康診断の受診は労働者の健康管理に

おいて非常に重要です。再三受診を促したにもかかわらず、労働者が受診を拒否する場合は、会社はその労働者を懲戒処分にすることが可能とされています。具体的には、出勤停止未満の懲戒処分が一般的で、けん責、戒告、減給とする例もあります。

▌ 産業医の職務

　産業医は、医師として労働者の健康管理を行います。原則として月1回以上（所定の情報が事業者から産業医に提供される場合は2か月に1回以上）作業場を巡回しなければならず、その際、作業方法や衛生状態に有害のおそれがあると判断すれば、直ちに労働者の健康障害を防止するために必要な措置を講じなければなりません。事業者は、常時50人以上の労働者を使用するすべての業種の事業場において、産業医を選任しなければなりません。

　また、事業者は、労働者の健康管理を適切に行うのに必要な情報（労働者の労働時間に関する情報など）を産業医に提供することが義務づけられています。一方、産業医は、労働者の健康を確保するため必要と認めるときは、事業者に労働者の健康管理について必要な勧告ができます。事業者は、勧告の内容を尊重しなければならない他、勧告の内容について衛生委員会（または安全衛生委員会）へ報告しなければなりません。

▌「病者の就業禁止」

　労働安全衛生法68条では、厚生労働省令で定める「伝染性の疾病その他の疾病」にかかった労働者の就業を禁止しています。ただ、「伝染性の疾病その他の疾病」といっても、その内容はカゼから法定伝染病まで幅広く、その定義がはっきりしないことが多くあります。

　そこで、「法定伝染病、心臓・腎臓・肺等の疾病、または感染症予防法等の法令に定める疾病にかかった者は、就業を禁止する」と具体的に病名などを列記すると、労使ともに対応しやすくなります。

　よく問題となるのは、疾病による休業手当の要否です。休業手当の支

払義務の有無は、感染症予防法上の感染症にあたるかどうかで判断されます。具体的には、感染症予防法上の１類感染症、２類感染症、３類感染症、新型インフルエンザ等感染症に該当する場合は、休業（自宅待機）させる場合の休業手当の支払いは不要にできます。国から入院勧告や出勤停止（就業制限）が出された場合も同様に、休業手当の支払義務はありません。

　これに対し、感染症予防法上の上記の感染症に該当しない場合（たとえば、季節性インフルエンザ、令和５年（2023年）５月８日以降の新型コロナウイルス感染症）の他、従業員の家族が感染症にかかったため、念のため従業員本人を休ませる場合など、法律や国の勧告などによらず、会社が独自の判断で従業員に休業（自宅待機）を命じるときには、休業手当を支払わなければなりません。

　就業禁止の条項を定める際は、従業員本人に限らず、その家族が感染症にかかった場合も、会社への報告を義務づけておけば、対象の労働者以外の労働者を守ることにもつながります。そして、疾病にかかった労働者が発生した際に会社として判断を行うようにします。

■■「面接指導やストレスチェックの規定」

　労働安全衛生法では、時間外・休日労働が月80時間を超え、疲労の蓄積が認められる労働者から申出があった場合、医師による面接指導の実施が義務づけられています。具体的には、面接指導の希望があった場合の具体的な手順や、面接指導後の措置を定めます。これに対し、上記の条件に該当しない労働者が面接指導を申し出た場合、面接指導を実施する義務はありませんが、健康管理の観点から面接指導または面接指導に準ずる措置を講じるのが望ましいとされています。

　就業規則においては、条件を満たす者と満たさない者の両方に対応した規定を設けるとよいでしょう。なお、条件を満たす労働者への面接指導は、事業者の規模や労働者数によらず、すべての事業者に実施が義務づけられています。

また、ストレスチェックの実施は、労働者が常時50人未満の事業場では努力義務であるため、事業場の規模に応じて就業規則に記載します。健康診断とは異なり、ストレスチェックの受検は労働者の義務ではないので、受検を強制する記載をしないよう注意します。

▐▌「災害補償」

　労働災害には、おもに業務災害と通勤災害があります。業務災害とは、労働者が仕事中の事故によって負傷、疾病、障害（後遺障害）、死亡した場合をいいます。これに対して、通勤災害とは、職場への往復途中で事故に巻き込まれた場合をいいます。これらの労働災害に対して、労働基準法は、業務災害への補償（災害補償）を使用者に義務づけています。しかし、労働基準法の災害補償だけでは、使用者の財務状況によっては労働者が十分な補償を受けることができない可能性があります。

　そこで、労働者災害補償保険法は、政府が保険者となり、会社（事業主）から保険料を徴収して、おもに業務災害や通勤災害に対する災害補償を行う規定を設けています。労働者災害補償保険法による補償の特色は、使用者に落ち度がなくても責任を負わせている（無過失責任）点と、賠償額が一定の基準により明確に定められている点にあります。

　労働者災害補償保険法による補償には、以下のものがあります。

・療養（補償）給付

　原則として、労災指定病院等での診察、薬剤の支給といった現物の療養の給付となります。最も発生頻度が高いといえるでしょう。

・休業（補償）給付

　療養のため仕事をすることができなくなり、賃金が支払われない場合に、その代わりに支給される金銭の給付です。

・障害（補償）給付

　傷病（負傷または疾病）は治ったが障害が残った場合に、その障害の重さの程度によって、年金あるいは一時金が支給されます。

・遺族（補償）給付

労働者が死亡した場合に、遺族に対して年金あるいは一時金が支払われます。

・**葬祭料（葬祭給付）**

葬祭に要する費用の補助として定められた金額が支給されます。

・**傷病（補償）年金**

傷病が治らずに療養が長期化している場合に支給される年金です。

・**介護（補償）給付**

障害が残っているため、障害（補償）年金等を受け、さらに介護も必要となる場合に支給されます。

■■「災害補償の例外」

労働基準法78条は、労働者が重大な過失（落ち度）によって業務上負傷し、または疾病にかかり、かつ使用者がその過失について所轄労働基準監督署長の認定を受けた場合は、休業補償または障害補償を行わなくてよいと規定しています。

■■「民事上損害との相殺」

労働基準法84条は、使用者が労働基準法による災害補償を行った場合、同一の事由については、その支払った価額の限度で、民法上の損害賠償責任を免れると規定しています。

■■「業務外の傷病」

労災補償の対象外である私傷病の場合は、健康保険などの医療保険各法による給付を受けます。

10 職務発明

第10章　職務発明

第84条（職務発明）　従業員が行った会社業務に関連のある発明、発見、
　考案等により特許その他権利取得に関する取扱いは、「職務発明取扱
　規程」に定めるところによる。

ポイント解説

▍「職務発明」

　発明に対する特許出願元の多くは会社などの法人ですが、発明までの
作業に関わったのは法人に勤務する従業員です。そのため、法人または
従業員のどちらに特許権が帰属するのかが争われる場合があります。

　そこで、特許法は従業員の発明について、①職務発明、②業務発明、
③自由発明の3つに区分し、両者の調整を図っています。

① 　職務発明

　従業員が、会社（使用者）の業務範囲であり、かつ、現在または過去
の職務範囲で行った発明のことです。家電メーカーの研究開発部門に所
属する従業員による家電製品発明があてはまります。

② 　業務発明

　会社の業務範囲ではあるが、職務発明でない発明のことです。家電
メーカーの総務部門の従業員による家電製品発明があてはまります。

③ 　自由発明

　会社の業務範囲と関係ない発明のことです。家電メーカーの従業員が
新薬を発明した場合はこれにあたります。

▊「職務発明制度」

業務発明や自由発明は、一般の発明と同様に扱われますが、職務発明については、特許法の定めにより、以下の調整を行います。

① 会社は無償で特許を使える

従業員が職務発明について特許を受けたときには、会社は「通常実施権」という無償で特許を使う権利を得ることができます。通常実施権はあくまでも実施権なので、その特許について、会社が第三者との間でライセンス契約を結ぶことはできません。

② 原始取得・予約承継をすることができる

原始取得とは、あらかじめ従業員が発明をしたときの特許を受ける権利を会社が得ることです。契約または就業規則（勤務規則）その他の定め（職務発明規程等）によって、会社は発生時から特許を受ける権利を取得できます。一方、予約承継（あらかじめ従業員が発明をしたときの特許を受ける権利を会社が譲り受けると定めること）という方法をとることもできます。この場合、まず発明者が特許を受ける権利を取得し、この権利を会社に承継させます。

原始取得・予約承継が行われた場合、従業員は、会社に対して「相当の利益」（金銭、昇進、昇格などの経済上の利益）を請求できます。金銭以外の経済上の利益の請求も認められています。なお、ここにいう「相当の利益」は、経済産業大臣が定める指針（職務発明ガイドライン）に従った職務発明規程等に基づいて発明者に付与されます。一方、職務発明規程等がない場合や、職務発明規程等にそぐわない規模の発明の場合は、発明による利益や負担分を考慮した上で、「相当の利益」の内容が決定されます。

第 2 章

賃金についての規程

1 賃金規程作成の仕方

▶ 賃金規程の定め方

　賃金（給与）規程は通常、事業所の就業規則の付属規定として定められています。ただし就業規則の本規則と分けて別規程としても、就業規則の一部であることに変わりはありませんから、本規則と同時に作成して、かつ労働基準監督署への届出もしなければなりません。その他、就業規則の作成手続などの規定も適用されます。正社員とパート社員の賃金規程を分けることもできますので、どのような種類の労働者にどの賃金規程が適用されるかを明確にしておく必要があります。以下、賃金規程の各規定を定める際のポイントについて見ていきましょう。

① **賃金支払いの原則を明確にし、賃金体系を示す**

　どのような種類の賃金が支給されるのかをまとめて明記しておくと、賃金体系が一目瞭然となるので、給与担当者の便宜や新たに労働者を雇用した場合に見せる場合など、さまざまなメリットを得ることができます。賃金のうち、基本給は、年齢給、職務給といった形で決定することができます。

② **賃金の計算期間と支払日**

　賃金の支払日についての記載は、就業規則の絶対的必要記載事項です。賃金の支払いについては、毎月一定の日を支払日と定めなければなりません。ただし、支払日を一定の日に定めたとしても、その日が会社の休日や金融機関の休業日に該当する場合には、事実上支払いができなくなります。そのため、書式例の第9条第2項（127ページ）のように、支払日を繰り上げることを規定しておきます。

③ **賃金の支払方法**

　賃金の支払方法も、就業規則の絶対的必要記載事項です。賃金の支払

いには通貨払いの原則が適用されますから、賃金を銀行振込みにするためには、労働者の個別の同意が必要になります。もし、同意が得られなかった場合は、原則に従って、本人に現金で渡さなければなりません。

また、賃金の振込みに使用する労働者本人の金融機関口座は本人が指定する口座でなければなりません。この場合、振り込まれた賃金の全額が所定の賃金支払日に払い出しできるようにしなければなりません。

なお、賃金には前述した通貨払いの原則が適用されますが、労働者の同意を条件として、本人名義の銀行口座または証券総合口座への賃金の支払いが例外として認められています。さらに、令和5年4月1日以降は、過半数組合（過半数組合がない場合は過半数代表者）との間で労使協定を締結し、労働者への説明とその同意を得ることを条件として、厚

■ 賃金支払いの5原則の内容

原則	内容	例外
❶通貨払い	現金（日本円）で支払うことを要し、小切手や現物で支払うことはできない	**労働協約が必要** ● 通勤定期券の現物支給、住宅貸与の現物支給 ● 外国通貨による支払い **労働者の同意が必要** ● 銀行口座への振込み、証券総合口座への払込み、資金移動業者口座への資金移動による支払い（いずれも本人名義の口座に限る） ● 退職金については、銀行振出小切手、郵便為替による支払い
❷直接払い	仕事の仲介人や代理人に支払ってはならない	● 使者である労働者の家族への支払い ● 派遣先の使用者を通じての支払い
❸全額払い	労働者への貸付金その他のものを控除してはならない	● 所得税、住民税、社会保険料の控除 **書面による労使協定が必要** ● 組合費、購買代金の控除など
❹毎月1回以上払い	毎月1回以上支払うことが必要	**臨時に支払われる賃金** ● 結婚手当、退職金、賞与など ● 1か月を超えて支払われる精勤手当、勤続手当など
❺一定期日払い	一定の期日に支払うことが必要	

生労働大臣が指定した本人名義の資金移動業者口座への賃金の支払いも、例外として認められるようになりました。

厚生労働大臣が指定する資金移動業者は、おもに「○○ペイ」などの名称で、キャッシュレス決済（バーコード決済など）を提供している業者を想定しており、指定を受けるためには多くの要件をクリアすることが要求されています。要件の一つとして、資金移動業者口座の上限額は100万円以下に設定されていること、口座残高を現金化する場合については、1円単位で現金化（払い出し）ができる口座であること、現金化ができないポイントや仮想通貨などによる賃金の支払いは認められていないことが挙げられます。

また、使用者は、労働者に資金移動業者口座への賃金支払いを選択肢として提示する場合、現金での賃金支払いに加えて、銀行口座または証券総合口座への賃金支払いを選択肢としてあわせて提示しなければなりません。つまり、現金または資金移動業者口座のみを賃金支払いの選択肢として提示することは許されません。

④　賃金の支払形態

毎月決まって支給される賃金については、算定の単位により時給制、日給制、月給制といった形態があります。

月給制とは、賃金が月の一定期日に締め切られ、その後一定の期日に支払われる制度です。たとえば、20日締めの25日払いという会社や末日締め翌月10日払いといったようなケースです。月給制をとりながら基本給の額が日額で定められている場合を、日給月給制といいます。遅刻・欠勤については時間（分）単位で計算して、カットします。日給制とは、1日の所定労働時間につき賃金額を定める制度です。1日単位で労働の内容を測ったとき、同量の労働が日々繰り返されているというような場合に適した制度といえます。労働時間を単位として賃金額を決定する制度が時給制です。時間（分）単位で測ったとき、労働の量が同じような場合に適した制度といえます。出来高払制とは、労働者の製造した物の量や売上げの額などに応じた一定比率で額が定まる賃金制度のことです。

年俸制とは、賃金の全部または相当部分を労働者の業績等に関する目標の達成度を評価して年単位に設定する制度といえます。年俸制は、労働時間の量を問題とする必要のない管理監督者や裁量労働者に適した賃金制度だと考えられます。

⑤　**賃金の控除**

賃金には全額払いの原則がありますが、例外として、使用者は、税金、社会保険料等を賃金から差し引いて賃金を支払うことが法律上認められています（労働基準法24条）。また、使用者は、賃金控除に関する労使協定を締結し、控除の事由、時期、金額などを定めたときは、その定めに従って賃金から控除を行うことが認められています。今日では、社宅・寮の使用料、福利厚生施設の利用料などを控除している例が多いようです。

⑥　**非常時払い**

使用者は、労働者が出産、疾病、災害その他命令で定める非常の場合の費用にあてるために請求する場合においては、支払期日前であっても、既往の労働に対する賃金を支払わなければなりません（労働基準法25条）。労働基準法25条は賃金の前払いではなく、支払日の繰上げを定めたものといえます。

⑦　**日割計算**

賃金の計算方法は、就業規則に必ず記載しなければならない絶対的必要記載事項です。賃金規程には、労働者が所定労働時間の労働をしなかった場合（中途入社、退社など）に、月給全額を支払うのかどうか、支払わない場合は、賃金をどのような計算方法で減額するのかを明らかにしておく必要があります。

⑧　**不就労時の取扱い**

労働者が労働するという責務を果たさなかった場合、その労働しなかった日や時間に対する賃金は支給されないのが原則です（ノーワーク・ノーペイの原則）。この場合に、賃金の支給の有無、支給する場合の減額方法を明記しておきます。なお、遅刻、早退、欠勤に対する賃金のカットは、実際に労働しなかった時間に相当するだけのカットであれ

ばかまいませんが、それを超える額の差引をすると、その部分について
は制裁としての減給となるので注意してください。

⑨　平均所定労働日数、平均所定労働時間

　賃金計算の便宜のため、年間所定労働日数・時間を月ごとに割り、平
均的な日数と時間を算出しておきます。1か月の平均所定労働日数・時
間を基準とすることで、月ごとに異なった日額、時間額になるという不
都合を避けることができます。

　ただし、1か月の平均所定労働日数で計算することには、次のような
欠点があります。たとえば、年間における1か月平均所定労働日数21日
の場合、その月の所定労働日数23日であったとしても、労働者が21日間
欠勤した時は、2日間労働したにもかかわらず、賃金が支給されないこ
とになってしまいます。また、所定労働日数が20日で、すべての日を欠
勤したような場合でも、1日分の賃金が支給されてしまうのです。この
ような欠点を補うため、その月については、所定労働日数を1か月の平
均所定労働日数とみなすというような調整規定を置くとよいでしょう。

▶ 賃金の計算

　労働基準法115条は、賃金などの請求権につき2年、退職金の請求権
については5年の消滅時効を定めています。賃金の計算・端数処理・改
定に関する規定については以下の点について注意しましょう。

①　日額・時間額の計算をする場合

　割増賃金などの計算の基礎となる労働日または労働時間の賃金の計算
方法については、労働基準法施行規則19条に、ⓐ時給については、定め
られた金額、ⓑ月給で定められている場合は、所定月給額を月の所定労
働時間数または1年間における1月平均所定労働時間数で割った金額、
ⓒ出来高払制その他の請負制によって定められた賃金については、その
賃金算定期間において計算された賃金の総額を当該賃金算定期間におけ
る総労働時間数で割った金額、などと定められています。賃金規程に掲
載する場合にも、法令違反がないように規定します。

② 端数処理をする場合

　賃金計算を行う上で、端数も当然発生します。そこで、行政解釈により、たとえば、1時間あたりの賃金額あるいは割増賃金額に1円未満の端数が生じた場合、50銭未満の端数を切り捨て、それ以上を1円に切り上げて処理することが認められています。

③ 賃金の改定をする場合

　多くの会社で毎年一定の時期（通常新入社員が入社する4月に行う会社が多い）に定期昇給が行われています。

　最近では、定期昇給についての各労働者の昇給額の判断は、その労働者の勤続期間や年齢といった客観的要件だけで判断する場合が少なくなり、労働者の仕事についての能力、習熟度、出勤率などを考慮し、使用者の人事考課に基づく主観的要件も加味するのが一般的になっています。また、賃金のうち、基本給とともに定期昇給で見直される手当は、基本給の基本的な賃金の機能を補完するものとして付加的に支給される賃金です。賃金の不均衡を調整するのに便利ですが、手当の意味を明確にしておくことが必要です。

　賃金の昇給に関する事項は、就業規則の絶対的必要記載事項です。また、査定によって賃金を引き下げる場合について、労働基準法にその記載はありません。会社独自に制度として設けるのであれば、その旨を就業規則に記載する必要がありますが、その賃金引き下げをすること自体に合理性や必要性が問われるため注意が必要です。

賞与について

　労働者に賞与を支給するかどうかは、使用者にゆだねられています。支給額や支給方法の決定は、原則として使用者の自由ですが、就業規則などで賞与の支給基準が明確に示されており、その基準に基づいて賞与を支給しないことにつき何ら客観的な事由がない場合は、使用者の恣意的調整が認められないこともあります。会社で賞与を支給する場合には、臨時の賃金として就業規則への記載が必要になります。

賃金規程

第1章　総　　則

第1条（本規程の目的）　この規程は、就業規則第○条に定めた、従業員の給与および賞与の基準や手続きの方法を定めたものである。

第2条（遵守義務）　会社および従業員は、この規程を誠実に守り、お互いの信頼を高めるように努力しなければならない。

第3条（本規程が適用される従業員）　本規程は、就業規則の従業員に適用するものとする。

第4条（給与の体系）　給与の体系は、次の通りとする。

① 給　　与

イ　基準内賃金

　基本給、役職手当、職種手当、家族手当、住宅手当、資格手当、調整手当

ロ　基準外賃金

　時間外勤務手当、深夜勤務手当、休日出勤手当、その他諸手当、通勤手当

② 賞　　与

第5条（給与支払の形態）　月々の給与支払の形態は、これを月給制とする。

2　ただし、次のいずれかの事項に該当した場合は、これを日給月給制とする。

① 業務上および私傷病等により休業し、当該休業日について社会保険から補償される場合

② 入社、退社月において不就労日がある場合

③ 就業規則第○条に定める無断欠勤をした場合

第6条（給与の支払方法）　給与は、その全額を通貨で直接、従業員に支払うこととする。

2　前項の規定にかかわらず、従業員の同意があったときは、従

業員が指定する銀行や金融機関の本人名義の口座に振り込むことにより給与を支払うことができる。

第7条（給与控除） 前条の規定にかかわらず、給与からは、次のものを控除することとする。

① 源泉所得税

② 健康保険、厚生年金保険、雇用保険などの各種社会保険料

③ 特別徴収の住民税

④ 給与から差し引くことについて、従業員の過半数を代表する従業員と書面によって協定されたもの

第8条（給与の計算期間） 給与の計算期間は、前月21日から当月20日をもって締め切るものとする。

第9条（給与の支払日） 給与の支払は、毎月締め日後の25日とする。

2 給与の支払日が金融機関の休日のときは、その前日に支払うものとする。

第10条（給与支払いの原則） 給与は、実際に働いた労働に対して支払うことを原則とする。

2 前項においては、とくに決めたとき以外は、休日や働かなかった日については給与を支払わないものとする。また、会社の指示命令に反して働いても給与を支払うことはない。

第11条（非常時払い） 第9条の規定にかかわらず、次の事由のいずれかに該当する場合には、従業員または①の場合はその遺族の請求により、給与支払日の前であっても、既往の労働に対する給与を支払うものとする。

① 従業員が死亡したとき

② 従業員またはその収入により生計を維持する者に、結婚・出産、死亡、病気・ケガ、災害が生じた場合や1週間以上の帰郷を必要とするとき

第12条（金品の返還） 従業員の死亡や退職、または金品の権利をもつ者（本人や遺族）から請求があったときは、7日以内に給与

を支払うこととする。

第13条（日額・時間割の計算方法）　割増賃金の計算や不就労控除に用いる日額または時間額の計算は、次の例による。

日　　額……時間額×1日の所定労働時間数

時間額……その者の基準内賃金÷1か月の平均所定労働時間

第14条（端数処理）　日割計算、時間割計算、残業手当などの計算で、1円未満の端数が生じたときは、手当ごとにすべて切り上げて計算する。

第15条（給与控除・欠勤等）　従業員が欠勤などをしたときの給与は、欠勤した日や時間について、日割または時間割で計算した額を減額する。

2　給与計算期間の全労働日を欠勤したときは、給与は無給とする。

第2章　基本給与

第16条（総則）　基本給は、所定労働時間を働いたことに対する報酬で、1日単位の額を算出するときは、1か月の平均所定労働日数で割ったものとする。

第17条（基本給の決定）　基本給は、本人の年齢、能力、経験などを考慮して決定する。

第18条（初任給）　新規学卒者や中途採用者の初任給は、その年の会社の経営状況や経済状況によって決定する。

第3章　諸手当

第1節　役職手当

第19条（役職手当）　役職手当は、役職者に対し、別表の通り支給する。

第2節　職種手当

第20条（職種手当）　職種手当は、職種により別表の通り支給する。

第3節　家族手当

第21条（家族手当）　扶養家族を有する従業員に対して、家族手当

を支給する。

2　前項の扶養家族とは、従業員に生計を維持されている下記の者をいう。

①　配偶者

②　満18歳未満の子

3　家族手当の支給の区分は次の通りとする。

①　配偶者　　　月額　一律金15,000円

②　子　　　　　月額　一子につき　一律金7,000円

第22条（扶養家族の届出）　新たに採用された従業員に扶養家族がある場合や、次のいずれかに該当する場合には、従業員は速やかにそのことを会社に届けなければならない。

①　新たに扶養家族としての条件に適合するようになったとき

②　扶養家族としての条件に適合しなくなったとき

第4節　住宅手当

第23条（住宅手当）　住宅手当は、世帯主の区分に応じて別表の通り支給する。

2　従業員の住宅手当を受ける条件が変更となったときは、これを速やかに報告しなければならない。

第5節　資格手当

第24条（資格手当）　資格手当は、資格により別表の通り支給する。

第6節　調整手当

第25条（調整手当）　調整手当は給与を決定または変更するときに総支給額に不足があったとき、例外的に補充する手当とする。

第7節　通勤手当

第26条（通勤手当）　通勤手当は、従業員が通勤のために利用する最短距離の合理的な方法と会社が決めた経路の交通機関の実費を、その月の給与に含めて支給する。

2　バスの通勤は、自宅から最寄駅まで1km以上の距離があるときに、これを認めるものとする。

<h2 style="text-align:center">第8節　手当の返還</h2>

第27条（手当の返還）　諸手当につき、支給されていた条件が変わる場合は、速やかにその旨を届け出ることを要する。

2　前項の報告がなく、または虚偽の報告を行った場合で、その報告の真偽が判明した場合は、その報告がない時点、または虚偽報告のときからの支払われた金額の全額を返還することを要する。

<h2 style="text-align:center">第9節　残業手当など</h2>

第28条（残業手当、休日出勤手当）　残業手当と休日出勤手当は、会社の命令によって残業した場合、または休日に勤務したことに基づいて支給する。

第29条（残業手当と休日出勤手当の額）　残業手当の額は、1時間あたりの算定の基礎額に1.25を乗じた額で計算する。ただし、月間の残業時間が60時間を超える場合には、超えた分について1時間あたりの算定の基礎額に1.5を乗じた額で計算する。

2　休日出勤手当の額は、1時間あたりの算定の基礎額に、次の乗率を掛けた額とする。

①　法定休日出勤の場合　　　1.35

②　法定外休日出勤の場合　　1.25

3　前項第1号の法定休日出勤とは、就業規則に定める法定休日に出勤した場合をいう。

第30条（深夜勤務手当）　深夜勤務手当は、会社の命令で午後10時から午前5時までの間に勤務した場合に支給する。

第31条（深夜勤務手当の額）　深夜勤務手当の額は、1時間あたりの算定の基礎額に0.25を乗じた額とする。

2　残業や休日出勤が深夜に及んだときは、残業や休日出勤手当の額に、深夜勤務手当の額を加算して支給する。

<h2 style="text-align:center">第4章　給与の見直し</h2>

第32条（総則）　給与の見直しは、その勤続年数、年齢、勤務態度

等を総合的に審査して決定する。

第33条（適用除外）　次に掲げる者は、昇給対象者から除外する。

① 　入社してから1年を経ない者

② 　休職している者

第34条（支給時期）　原則として毎年4月に給与の見直しを行う。

第5章　賞　　与

第35条（賞与）　賞与は、会社の業績に従業員の勤務成績などを考慮して支給する。ただし、都合により支給しない場合もある。

2 　賞与の支給対象者は、支給日現在において在籍する従業員とする。

3 　支給の時期は夏季と冬季を原則とする。ただし、都合により支給の時期を変更することがある。

4 　支給にあたっての従業員の勤務成績などを算定する期間は、次の通りとする。

① 　夏季賞与　　前年11月21日から当年5月20日まで

② 　冬季賞与　　当年5月21日から当年11月20日まで

5 　賞与を算定する場合に、勤務が6か月に満たない従業員の賞与の支給は、そのつど決定する。

6 　以上の他、会社の業績により、決算賞与などを支給する場合がある。

第6章　退職金

第36条（退職金）　退職金については、別途、退職金規程により定める。

附　　則

1 　本規程は、令和○年○月○日から施行する。

2 　この規程の主管者は総務部門長とする。

3 　本規程を改廃する場合には、従業員の代表の意見を聴いて行うものとする。

2 その他の書式作成の仕方

書式2　通勤手当支給規程

　マイカー通勤者や自転車で通勤している者については、労働者の通勤距離に応じて定額支給とし、電車やバスなどの公共交通機関で通勤している者については定期券代などの通勤に要する実際費用を支給するのが一般的です。マイカー通勤者は国税庁が定める距離に応じた非課税限度額に応じて通勤手当額を決めることもあります。この場合は非課税限度額が変更になることもあるため、その変更と同じ時期に通勤手当を変更していくのかを決めておく必要があります。

書式3　マイカー使用管理規程

　自家用車での通勤を認める場合には、マイカー使用管理規程を作成し、使用上のルールを定めておきます。営業活動など、業務上での使用を禁止する場合にはその旨をはっきりと明記します。また、マイカー使用を認めるにあたり、免許証の確認（更新できているかも確認）、加入保険の種類、従業員の健康状態等、事前に確認しておくべき事項も多いです。

書式4　マイカー通勤誓約書

　自家用車での通勤は自動車事故により会社に迷惑をかけるおそれがあるため、あらかじめ誓約書を提出させることがトラブル防止になります。

書式5　出張旅費規程

　旅費規程に必ず記載すべき事項は、ⓐ出張の定義、ⓑ宿泊費、ⓒ日当、ⓓ交通費の計算方法です。海外出張については、ⓔ出張する地域、ⓕ支度金を支給する場合はその金額、ⓖ滞在費、ⓗ交通手段などの項目を定めておかなければなりません。不測の事態に備えて海外旅行保険に加入している場合は、その内容を記載します。

書式2　通勤手当支給規程

通勤手当支給規程

第1条（本規程の目的）　この規程は、株式会社○○○○の就業規則第○条および賃金規程第○条に定める通勤手当について、その細則を定めたものである。

第2条（支給対象者）　通勤手当の支給条件は、次の通りとする。

　　場所　　従業員の住居から勤務する場所まで

　　距離　　片道1km以上であること

　　通勤の交通手段　　電車、バス、自家用車

2　各種交通機関の併用　従業員の住居から最寄りの駅までの距離が、片道2km以上の場合で、バスを使用するときは、特例として電車、バスの併用を認める。

3　第1項において、自家用車での通勤は、とくに会社が認めた従業員で、会社の発行する「自家用自動車通勤承認書」を有する従業員に限定する。

第3条（手当支給額と支給方法）　通勤手当は、従業員の住居と勤務場所とを最も費用のかからない経路によって通勤する手段をもとに計算し、交通機関の通勤定期乗車券の実費相当額とする。

2　通勤手当は、給与の支払いと同時に上乗せして支給する。

3　通勤定期乗車券は、3か月を単位とする。ただし、試用期間中の従業員は次の通りとする。

　　試用期間　　1か月以下　　毎日の通勤実費額

　　試用期間　　1か月超　　通勤定期乗車券1か月

4　自家用車で通勤する従業員の通勤手当は、通勤だけに使用するガソリン代の1か月分相当額とする。

第4条（支給限度額）　通勤手当の支給限度額は、所得税法の非課税限度額の範囲内とする。

2 通常の通勤経路を使用しても非課税限度額を上回る場合は、その超過額は従業員の自己負担とする。

第5条（申請方法） 新たに入社した従業員は、採用のときに提出する通勤経路図を通勤手当支給申請書に添付することにより、通勤手当の支給を申請する。

2 在籍している従業員で、転居などにより交通手段や交通機関に変更を生じた場合は、変更後の通勤経路図を作成し、通勤手当支給申請書に添付して提出することとする。

第6条（欠勤、休職従業員の取扱い） 従業員が、ケガや病気、または何らかの事情で1か月以上欠勤や休職をしたときは、当該期間中は、通勤手当の支給を停止する。

2 欠勤において、年次有給休暇を使用した場合も同様とする。

第7条（退職従業員の取扱い） 従業員が退職したときで、通勤定期乗車券に残日数があった場合は、発行機関に定期券を届け出た上、返還金がある場合には会社に返納することとする。

第8条（不正受給の対応） 従業員の申請に基づく支給額に関し、虚偽の報告、交通経路変更後の不届による受給など、超過支給を受けた従業員がいた場合は、直ちに調査し、正規の支給額との差額を返還させることとする。

附　則

1 この規程を変更または廃止する場合は、取締役会の承認を必要とする。

2 この規程は令和○年10月1日に制定し、同日実施する。

3 この規程の主管者は総務部門長とする。

（制定記録）

制定　　令和○年10月1日

書式3 マイカー使用管理規程

マイカー使用管理規程

第1条（目的） この規程は、従業員が所有する自家用自動車（以下「マイカー」という）を、通勤のために使用する場合の管理に関する事項を定めるものである。

第2条（使用届出） 自動車通勤しようとする従業員（以下、マイカー通勤者という）は、「マイカー使用届出書」に所要事項を記入し、会社に届け出るとともに、本規程の内容を確認した上、誓約書を提出するものとする。

2　前項の他、次の各号のいずれかに該当した場合は、あらためて届け出なければならない。

① 保険満期更新のとき

② 運転免許証更新のとき

③ 車両に変更があったとき

④ 通勤経路に変更があったとき

第3条（業務上の使用禁止） マイカー通勤者は、会社の許可なく、業務のためにマイカーを使用してはならない。

2　前項の規定に違反した場合は、処分の対象とする。

第4条（運転禁止） マイカー通勤者は、道路交通に関する諸法令を遵守しなければならない。次の各号のいずれかに該当するときは、マイカーでの通勤を禁止する。

① 飲酒運転をしたとき

② 過労や著しい心身疲労の状態で運転をしたとき

③ 道路事情が安全運転に困難と予想されるにもかかわらず運転をしたとき

④ その他、道路交通法など諸法令が禁止する事項に該当するとき

第5条（損害賠償） マイカー通勤者が第2条ないし第4条に違

反して事故を起こし、これが原因で会社が損害を受けたときは、会社は本人に対し、その損害について賠償を請求する。

第6条（事故処理） マイカー通勤者が運転中に事故を起こした場合は、自己の責任において諸法令に基づいて速やかに対処しなければならない。この場合、会社は一切の責任を負わない。

2　自動車の駐車中における破損、盗難などの事故については、会社は一切の補償をしない。

第7条（自動車保険への加入） マイカー通勤者は自動車損害賠償責任保険の加入の他、任意保険に加入しなければならない。任意保険の加入条件は、次の各号の通りとする。

①　対人　　　　無制限
②　対物　　　　300万円以上
③　搭乗者　　　500万円以上

第8条（ガソリン代の支給） 会社はマイカー通勤者に対し、ガソリン代の実費を支給する。

第9条（承認期間） マイカー通勤者の承認期間は、毎年4月1日を基準日として1年間とする。なお、基準日の途中で承認を受けた場合の承認期間は、承認を受けた年の3月31日までとする。

2　マイカー通勤の継続を希望する場合は、自動更新とせず、所定の承認手続を取らなければならない。

附　則

1　この規程を変更又は廃止する場合は、取締役会の承認を必要とする。

2　この規程は令和○年4月1日制定し、同日実施する。

3　この規程の主管者は総務部門長とする。

（制定記録）

制定　　令和○年4月1日

マイカー通勤誓約書

　私が所有する自家用自動車を通勤に使用するにあたっては、会社が定めた「マイカー使用管理規程」を遵守致します。

　もしこれに違反し事故が発生した場合には、私の責任において一切の処理を為し、会社にはご迷惑をかけません。

　上記相違ないことを確認し、誓約致します。

株式会社○○○○
代表取締役　○○○○　殿

令和○年○月○日
申請者
○○部　氏名　○○○○　㊞

出張旅費規程

第1章　総　則

第1条（本規程の目的）　本規程は、株式会社○○○○の従業員が、会社の仕事のために日本国内外に出張するときの旅費に関する規則を定めたものである。

第2条（適用範囲）　本規程は、原則として正社員に適用する。

2　前項の他、必要に応じ、正社員以外の者についてもこれを準用することができる。

第3条（出張の種類）　本規程の出張の定義は次の通りである。

① 国内出張…日本国内における出張

(1) 宿泊出張…勤務地から直線距離で150km以遠の地域へ出張し、宿泊を伴うもの

(2) 日帰出張…(1)の地域内に日帰りで出張するもの

(3) 長期出張…同一地域に2週間以上、滞在する出張

(4) 随行出張…得意先との随行または社内幹部の同伴出張

(5) 研修出張…社内・社外研修における出張

② 海外出張…日本国外における出張

第4条（手当）　出張については、会社が特別に指示する場合を除いては、通常の働く時間に仕事したものとみなし、残業手当などは支給しない。

第5条（不正受給の禁止）　正当な旅費の請求を怠り、または偽って請求したときは、旅費を支給しない。

2　前項により、事後、不正受給が発覚した場合には、超過分につき、直ちに返還させることとする。

第2章　国内出張

第6条（旅費の計算）　旅費は、勤務地を起点として、最短距離の

順路に従い、これを計算する。

2　自宅からの直行・直帰の場合は、会社が認めた場合に限り、自宅から目的地までの経路をもって順路とする。

第7条（支給方法と報告義務）　旅費の支給方法は、通常、次の通りとする。

① 出張から会社に帰ったら、経理課に出張費精算書を提出し、請求しなければならない。

② 出張に宿泊が伴う場合は、出発日の前日までに、旅費の概算仮払いの申出をすることができる。

③ ②の場合は、会社に帰った後、直ちに精算を行わなければならない。

2　前項の他、転勤の場合は、出発前に旅費を支給する。

3　出張から帰ったときは、出張報告書と証拠書類を会社に提出しなければならない。

4　出張費精算書は、前項の報告書とは別に、経理課に提出しなければならない。

第8条（宿泊を伴う出張）　1泊以上の出張旅費は、その出張をするのに必要な順路に従って、別に定める鉄道・航空機・船舶・車賃や宿泊料、夜行手当、日当を支給する。

2　前項の計算方法は、次の通りとする。

① 出発日時、乗車、乗船時刻　　会社の指示による

② 航空機使用　　出張先、緊急度に応じて支給する

③ 滞在地で仕事上の必要で要する交通費　　実費を支給する

④ 宿泊料　　宿泊日数に応じて全額支給する。

　　但し、車中・船中および出張所、出先連絡所などに宿泊するときは支給しない。

⑤ 夜行手当　　車中および船中の夜行数に応じて支給する。

　　但し、出発当日の22時以降乗車ないし乗船し、翌日の5時まで

の間に5時間連続乗車（船）したときには支給する。

⑥　日当　　出張の日数に応じて1日当たり5,000円支給する

⑦　その他　　出張中の食費、および雑費はそれぞれ日当に含まれているものとする

3　第8条2項については、夜行手当と宿泊料は二重に支給することはない。

4　第8条2項⑥については、出発時刻が正午（午後0時）より午後4時まで、または帰着時刻午前9時より午後1時までのときの日当は、通常の日当の半額とする。また、出発時刻が、午後4時以降、または帰着時刻が午前9時以前のときは支給しない。

5　前項の規定における時刻は、鉄道、船舶の場合は、発車ないし乗船時刻または到着時刻とし、自動車の場合は会社出発時刻、または到着時刻とする。

6　第11条④および⑤の定めるところに従い、出張の際には、健康保険証を持参することを要する。

第9条（日帰り出張）　日帰りの出張は、前条にかかわらず、鉄道・航空機・船舶・車賃などの実費を、次の通り支給する。

①　乗車運賃等　　鉄道会社、航空会社、船会社の運賃を支給する。

②　定期券の使用　　出張する地域によって、本人の通勤定期券を利用することのできる地域は、定期券を利用するものとし、利用範囲外の地域の運賃のみ支給する。

③　タクシーの利用　原則、不可。

　但し、仕事上、緊急を要する場合や、交通上非常に不便な場合には、会社に事前に連絡の上、了解を得た場合に実費支給する。連絡を事前に取れなかった場合は、事後、勘案の上実費支給する。

2　日帰り出張の日当は別に定めてこれを支給する。

第10条（会社所有車による出張）　会社の所有の自動車を利用して出張するときは、次の通り実費を支給する。

① 　自動車の給油　　実費支給

② 　第8条および第9条の鉄道運賃等　　支給の対象外

③ 　有料道路の使用料　　実費支給

④ 　自動車の故障、修理等諸経費　　会社負担

2 　前項各号のいずれも、領収書のない分について会社は負担しないものとする。

3 　出張中の交通違反や、交通違反による交通事故は、運転する者の責任とする。会社は責任を負うことはない。

第11条（実費支給）　第8条から第10条の他に、次のいずれかに該当する場合は、実費を支給することがある。

① 　訪問先に対して、営業上有利と考えられる場合の手土産品

　　・事前に会社の承認を得たものは、実費を負担する。

　　・但し、領収書のない分については負担しない。

② 　出張先で、訪問先の接待をした場合

　　・接待に支出した経費の内訳を明記し、領収書を添えて会社の承認を得たときは実費を支給する。

③ 　出張中の通信費

　　・会社の仕事についてのものに限って、実費を支給する。

④ 　出張中、仕事に関係して、けがまたは病気になったとき

　　・労災保険による給付を受けることとする。

⑤ 　出張中、仕事以外でけがや病気になったとき

　　・医師等による診断書、および治療薬品購入の領収書があるもので、正当なものと会社が認めたものは実費を支給する。

　　・健康保険でまかなえる場合は、療養の給付（診療・治療など）を受けることとする。

第12条（長期出張）　長期出張については、必要性がある場合に、

その都度、内容を決定する。

第13条（随行出張） 得意先の出張に随行する場合は、交通費・宿泊代を実費にて支給する。

2　前項の日当は、この規程に基づいて支給する。

3　前2項に関し、交通費および宿泊費の実費がこの規程の額を下回る場合には、この規程に定める交通費、宿泊費を支給する。

4　会社の上級者の出張に随行する場合は、交通費・宿泊費を上級者に準じて支給する。

第14条（研修出張） 会社業務に関連する研修を受講するために出張する場合の旅費は、この規程に基づき支給する。但し、宿泊費を受講者が負担しない場合は、日当のみを支給する。

第3章　海外出張

第15条（国内出張旅費規程の準用） 本章は、第1章第3条②の海外出張に関する規定を定めたものである。

2　この規定に定めのない事項に関しては、国内出張旅費規程を準用する。

第16条（地域分類） 海外出張に関しては、その地域において外国を次のように分類する。

① アジア地域（中国・韓国・シンガポール・台湾等）

② 欧州地域（ドイツ・フランス・オランダ・イタリア等）

③ 米州地域（アメリカ合衆国・メキシコ・カナダ等）

④ その他の地域

第17条（出張の経路） 海外出張は、もっとも経済的に負担のない経路を利用する。但し、あらかじめ、所属長の許可を得ている場合は、この限りでない。

第18条（出張手続） 海外出張の命が出た場合には、出張目的、出張予定者、出張予定日数、経費のおおまかな概算を明記した書面

を自ら作成し、稟議書にして提出することとする。

第19条（旅費の仮払い）　出張に必要な旅費は、出発前に仮払いを受けることができる。

2　前項の仮払いは、円建てとし、円貨によってこれを行う。

第20条（海外旅行保険）　海外出張にあたっては、会社の負担で、被保険者を出張者とし、会社を受取人とした海外旅行保険に加入する。

第21条（旅費の区分）　本規程で定める旅費の区分は、①交通費、②滞在費（日当＋宿泊費）、③支度金、④その他諸経費である。

第22条（交通費）　あらかじめ稟議にかけた経路に従い、渡航に利用する交通機関の費用はその実費を支給する。

2　渡航に利用する交通機関は、原則として航空機とする。

3　出張先での移動に関しては、時間および費用のもっとも経済的かつ効率的な交通機関を利用するものとする。

4　出発時および帰着時からの国内の交通費については、第2章の規定を準用する。

第23条（滞在費）　滞在費は、日当と宿泊費で構成される。

2　日当は、別表に定められた区分に基づき、出発の日から帰着の日までの日数によって支給する。

3　午前中に帰着または午後に出発した場合には、所定日当の半額の支給とする。

4　日当は、食事代などに充当する。

5　宿泊費は、別表に定める区分に基づき、宿泊日数に応じて支給する。

第24条（支度金）　海外出張においては、会社から、別表に従った支度金を支給する。

2　前項の定めにかかわらず、次の場合は、支度金を支給しないものとする。

①　中国・韓国・台湾において3日以内の海外出張を行う場合

② 関係先の招待を受けて出席する場合

3　出張地域が2つ以上にまたがる場合は、別表（省略）における金額の高い方の支度金を支給する。

第25条（その他諸経費）　第22条から第24条の他、以下に必要な費用は、会社がこれを負担する。

① 旅券交付手数料

② 入国査証（VISA）交付手数料

③ その他、渡航手続に必要な費用

2　通信費等、業務上の経費については、その実費を支給する。

第26条（旅費の精算）　旅費の費用の精算は、帰国後10日以内に行わなければならない。

2　旅費の精算にあたっては、帰国後、手持ちの外貨を円貨に換算したときの為替換算レートを証明する書類を、旅費精算書に添付しなければならない。

第27条（出張中の就業時間の取扱い）　出張中の就業時間については、所定時間通り勤務したものとみなす。

（別表省略）

附　則

1　この規程を変更又は廃止する場合は、取締役会の承認を必要とする。

2　この規則は令和○年4月4日から改正し、同日実施する。

3　この規程の主管者は総務部門長とする。

（制定・改廃記録）

制定　　平成20年12月10日

改正　　令和○年4月4日

第3章

パート・嘱託社員・
在宅勤務の規程

パートタイム就業規則作成の仕方

▶ 正社員用の就業規則だけを作成するのは労働基準法違反

　パートタイム労働者のみに適用される労働条件を規定する場合は、パートタイム労働者専用の就業規則（書式１）を作成する必要があります。正社員用の就業規則の他にパートタイム労働者用の就業規則を作成した場合でも、正社員用とパートタイム労働者用の２つの就業規則を合わせたものが１つの就業規則と扱われます。そのため、就業規則本則の適用対象を正社員のみとし、パートタイム労働者を除外しながら、パートタイム労働者用の就業規則を作成しない場合は、就業規則が未完成であると扱われるため、労働基準法89条違反となります。

　また、パートタイム労働者に関するさまざまな法律や指針（とくに厚生労働省が定める指針）の内容をよく理解して、その内容に基づいた就業規則を作る努力をすることも必要です。

　とくに注意が必要なのは、平成30年（2018年）成立のパートタイム労働法改正で、正式名称が「短時間労働者及び有期雇用労働者の雇用管理の改善等に関する法律」（パートタイム・有期雇用労働法）に変更されたことに伴い、「短時間労働者」（パートタイム労働者が該当します）に加えて、同じく非正規雇用者として扱われる「有期雇用労働者」（主に嘱託社員や契約社員が該当します）も同法の適用対象に含めた点です。

▶ パートタイム労働者用就業規則を作成する際の注意点

　パートタイム労働者用就業規則を作成する際には、以下の点に注意します。なお、以下の点については、有期雇用労働者（契約社員、嘱託社員など）にも当てはまります。

① 対象者がパートタイム労働者であることを明確にする

　非正規雇用者といっても、パートタイム労働者、アルバイト、嘱託社員、契約社員など、その呼び方はさまざまで、それぞれの労働条件も異なります。したがって、作成する就業規則を遵守すべき労働者がパートタイム労働者であることを明確にしておく必要があります。

② パートタイム労働者の意見を聴いて作成する

　パートタイム労働者に関する事項について就業規則を作成・変更しようとするときは、その事業所で雇用するパートタイム労働者の過半数を代表すると認められるものの意見を聴くように努めます。

③ 労働条件が正社員と近い場合の待遇を考慮する

　パートタイム労働者という雇用形態をとっていても、その人が正社員に近い労働時間や業務内容で就業している場合は、正社員と比べて不合理な待遇をしないように注意しなければなりません。厚生労働省の定める「同一労働同一賃金ガイドライン」を参考にするとよいでしょう。

▶ パートタイム労働者の雇用管理の際の注意点

　会社（事業主・使用者）によるパートタイム労働者の雇用管理については、正社員の雇用管理と共通する部分と異なる部分があります。なお、以下の点については、有期雇用労働者（契約社員、嘱託社員など）にも当てはまります。

・採用時の労働条件の明示

　会社は、パートタイム労働者と労働契約を締結する際、労働基準法やパートタイム・有期雇用労働法に基づき、一定の労働条件については、文書・FAX・電子メールなど（書面以外は労働者側が希望した場合に限ります）によって明示する義務があります（労働条件通知書）。加えて、パートタイム労働者の労働条件全般にわたる事項については、文書・FAX・電子メールなどによって明示するよう努めなければなりません。

・労働契約の期間

　労働契約の期間は原則３年以内ですから、その範囲内で定めます。さ

らに、労働契約の更新の有無を明確にします。「更新する場合があり得る」とした有期労働契約を結んでおり、3回以上更新し、または1年を超えて継続勤務している労働者について「更新しない」（雇止め）としたい場合は、30日前までにその意思を伝えなければなりません。

・**勤務場所が変わる異動**

　勤務場所の変更を伴う異動は、本来、長期雇用を前提とした正社員に適用されるのが予定された制度であって、パートタイム労働者への適用が予定されたものとはいえません。本人の同意を得られたとしても、同じ事業所内の異動に限るなどの配慮が必要になります。

・**労働契約の解除（解雇）**

　会社は、やむを得ない事由がある場合でなければ、有期労働契約を結んでいるパートタイム労働者を期間満了前に解雇できません。また、パートタイム労働者が通常の労働者（主として正社員）との待遇差の内容・理由などに関する説明を求めたことを理由に、会社が当該パートタイム労働者を解雇することは禁止されています。

　一方、有期労働契約の期間満了時に、会社が契約更新を拒絶することを雇止めといいます。雇止めは解雇とは異なるので、原則として解雇に関する規定は適用されません。もっとも、有期労働契約が何度も更新され、無期雇用労働者（主として正社員）と同視できる場合には、その後の雇止めが制限されることがあります（雇止め法理）。

・**賃金、賞与、退職金**

　パートタイム・有期雇用労働法は、会社に対し、パートタイム労働者の賃金の決定にあたり、通常の労働者との均衡を考慮して決定を行うよう努めることを求めています。この規定は努力義務にとどめられていますが、会社の義務として、パートタイム労働者に対する不合理な待遇の禁止（均衡待遇の原則）、通常の労働者と同視すべきパートタイム労働者に対する差別的取扱いの禁止（均等待遇の原則）があることに注意が必要です。

　このうち差別的取扱いの禁止は、その適用対象になるパートタイム労働者が限定されています。具体的には、通常の労働者と職務内容が同一

で、雇用期間すべてに渡り職務内容や配置の変更範囲も通常の労働者と同一であると見込まれるパートタイム労働者のみが適用対象になります。差別的取扱いの禁止は、賃金（基本給・賞与・退職金）の他にも、教育訓練、福利厚生施設、解雇、昇進に関する事項など、あらゆる待遇について適用が及びます。また、会社が差別的取扱いを行うことは、民法上の不法行為にあたり、適用対象になるパートタイム労働者から損害賠償請求を受けるおそれがあります。

　なお、パートタイム労働者への賞与・退職金は、会社の業績などを考慮して独自に判断ができます。賞与は支給するとしても通常の労働者より少額で、退職金は不支給とすることが多いですが、上記の差別的取扱いの禁止の適用が及ぶときは、少額の支給や不支給が違法となり得ます。

・労働時間

　パートタイム・有期雇用労働指針は、パートタイム労働者に対し、できるだけ所定労働時間を超える労働や、所定労働日以外の日の労働をさせないよう努めることを会社に求めています。所定労働時間を超える労働や所定労働日以外の日の労働の有無は、労働契約の締結の際に書面などで明示します（労働条件通知書）。これらの労働を要請する際は、そのつど事情を説明し、個別的な同意を得るべきです。

・年次有給休暇

　パートタイム労働者にも年次有給休暇（有給休暇）が与えられます。パートタイム労働者の所定労働日数が通常の労働者に比べて相当程度少ない場合、年次有給休暇は比例付与になります。休暇に関する事項は就業規則の絶対的必要記載事項ですので、年次有給休暇に関する条項を、必ず就業規則に定めなければなりません。もっとも、就業規則には比例付与の表（86ページ図）を載せるか、単に年次有給休暇は労働基準法に従い付与すると定めるだけでもよいでしょう。

・正社員への転換

　通常の労働者への転換を推進するため、正社員登用試験など通常の労働者への転換を推進する措置を実施することを規定します。

・無期転換ルール

　労働契約法に基づき、有期労働契約を結んでいるパートタイム労働者に「無期転換ルール」が適用される場合があります。具体的には、有期労働契約を繰り返し更新して働き続けている労働者が、契約期間が通算5年を超えた場合、無期労働契約への転換の申込みができます。会社はこの申込みを拒否できません。これにより雇用が安定した無期労働契約への移行が可能になります。

・健康診断、福利厚生

　健康診断や福利厚生施設の利用は、できるだけ正社員と同等とすることが望ましいとされています。また、パートタイム労働者が「常時使用される労働者」に該当する場合は、一般健康診断の実施義務が生じます。通常の労働者の1週間の所定労働時間数のおおむね2分の1以上である者にも一般健康診断を実施するのが望ましいとされています。

・懲戒

　業務に対する責任の重さの違いなどを考慮して、正社員よりも比較的軽い懲戒規定とする場合があります。

■ 短時間・有期雇用労働者の賃金と昇級・賞与を決定する際の考慮事項

賃金の決定		昇給・賞与の決定
◆ 経験・資格等 ◆ 会社の業績 ◆ 従事する仕事の内容 ◆ 近隣同業他社の相場 ◆ 労働力市場の状況 　　　　　　　　　など	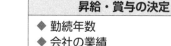	◆ 勤続年数 ◆ 会社の業績 ◆ 会社への貢献度 ◆ 知識・経験・技術の向上度合い ◆ 就業規則などによる取り決め 　　　　　　　　　など

短時間・有期雇用労働者（パートタイム労働者、契約社員、嘱託社員など）と通常の労働者（正社員）との待遇（基本給や賞与など）の相違は、①職務内容（業務の内容、当該業務に伴う責任の程度）、②職務内容や配置の変更の範囲、③その他の事情のうち、待遇の性質・目的に照らして適切なものを考慮して、不合理と認められる相違を設けてはならない。

書式1　パートタイム労働者の就業規則

パートタイム労働者就業規則

第1章　総　則

第1条（目的）　本規則は、○○株式会社（以下「会社」という）に勤務するパートタイム労働者の労働条件、服務規律その他就業に関する事項を定めたものである。

2　この規則に定めのないことについては、労働基準法その他の法令の定めたところによる。

第2条（パートタイム労働者の定義）　この規則において、パートタイム労働者とは、第4条の規定に基づき採用された者で、所定労働時間が1日○時間以内、1週○時間以内の者をいう。本規則は入社日から適用する。

第3条（規則の遵守）　会社およびパートタイム労働者は、この規則を守り、互いに協力して業務の運営にあたらなければならない。

第2章　人　事

第4条（採用）　会社は、パートタイム労働者の採用にあたっては、勤務希望者のうちから選考して採用する。

2　勤務希望者は、履歴書その他会社が求める書類を選考時に提出しなければならない。

第5条（採用時の提出書類）　パートタイム労働者として採用された者は、採用後5労働日以内に次の書類を提出しなければならない。

⑴　住民票記載事項証明書

⑵　源泉徴収票（採用された年に前職で給与収入のある者）

⑶　個人番号カードまたは個人番号通知書の写し

⑷　その他会社が必要と認める書類

2　前各号の提出書類に異動が生じた場合は、1か月以内に届け出なければならない。

第6条（労働契約の期間）　会社は、労働契約の締結にあたっては、1年の範囲内で、契約時に本人の希望を考慮の上、各人別に決定し、別紙の労働条件通知書で労働契約の期間を示すものとする。

2　労働契約は、必要に応じて更新することができるものとする。この場合、本人と協議の上、改めて労働条件を定めて更新する。なお、3回以上更新し、または1年を超えて継続して勤務したパートタイム労働者について契約を更新しない場合、会社は、期間満了の30日前までにその旨を通知する。

第7条（労働条件の明示）　会社は、パートタイム労働者の採用時に、別紙の労働条件通知書を交付し、採用時の労働条件を明示するものとする。

第8条（異動）　会社は、業務上の必要があり、パートタイム労働者について個別の同意を得た場合は、勤務内容または就業場所の変更を命じることができる。

2　会社が前項の命令を行う場合、パートタイム労働者の生活を考慮し、無理のない家庭生活を送ることのできる範囲の異動にとどめるよう努めなければならない。

第9条（正規社員への登用）　会社は、パートタイム労働者のうち、とくに勤務成績に優れる者を選考の上、正規社員として登用することができる。

2　正規社員として登用した場合、正規社員の就業規則第○条に定める退職金の算定上、パートタイム労働者として勤務した期間は勤続年数に通算しない。

第10条（無期労働契約への転換制度）　有期雇用契約で雇用するパートタイム労働者のうち、通算契約期間が5年超の者は、申込みを行うことで現在締結する有期労働契約の契約期間終了日の翌日よ

り、期間の定めがない労働契約の雇用に転換することを可能とする。

2　前項による通算契約期間は、平成25年4月以降に開始された有期労働契約の通算による。また、現在締結する有期労働契約は、期間満了日までの期間とする。ただし、労働契約期間の締結がない期間が連続6か月以上ある者については、それ以前の契約期間は通算契約期間に含まないものとする。

3　本規則に定める労働条件については、期間の定めがない労働契約への転換後も引き続き適用する。ただし、期間の定めがない労働契約へ転換したパートタイム労働者に係る定年は満〇〇歳とし、定年に達した日の属する月の末日をもって退職扱いとする。

第11条（退職）　パートタイム労働者が次の各号に該当するときは、退職とする。パートタイム労働者は、退職事由のあった日の翌日に会社のパートタイム労働者としての身分を失う。

(1)　有期労働契約の場合、当該契約期間が満了したとき

(2)　本人の都合により退職を申し出て会社が認めたとき、または退職の申出をしてから14日を経過したとき

(3)　本人が死亡したとき

第12条（解雇）　会社は、パートタイム労働者が次の各号のいずれかに該当する場合、契約期間中であっても解雇することができる。

(1)　本人に精神または身体の障害・疾病があり、医師の判断に基づき、業務に耐えられないと認められる場合

(2)　勤務状況が著しく不良で就業に不適切と認められる場合

(3)　天災地変その他やむを得ない事由により事業の継続が不可能なとき、または事業の縮小、部門の閉鎖、経営の簡素化などを行う必要が生じ、他の職務に転換させることが困難なとき

(4)　その他前各号に準ずる事由があるとき

第13条（解雇の予告）　前条により解雇する場合は、法令の定めに基づいて、少なくとも30日前までに予告するか、または30日分の

予告手当を支給して解雇する。ただし、2か月以内の契約期間を定めたパートタイム労働者については、本条を適用しない。

第14条（解雇制限） 次の各号のいずれかに該当する期間は解雇しない。ただし、第1号の場合において療養開始から3年経過後も傷病が治らず、打切補償を支払った場合はこの限りではない。

⑴　業務上の傷病による療養での休業期間およびその後30日間

⑵　女性が産前産後に休業する期間およびその後30日間

2　会社は、パートタイム労働者につき育児・介護休業法に基づいて、休業したこと、または休業を請求したことを理由に解雇しない。

第15条（貸与品等の返還） パートタイム労働者であった者は、退職（解雇も含む）した後、健康保険証、身分証明書、貸与被服、その他会社から貸与されたすべての金品を直ちに返還しなければならない。

第16条（退職後の証明） パートタイム労働者であった者は、退職後（解雇後も含む）も在職中の職務、地位、賃金、使用期間、退職事由などの証明を会社に求めることができる。

第3章　服務規律

第17条（服務規律） パートタイム労働者は、業務の正常な運営を図るため、会社の指示命令を遵守して、誠実に業務を遂行しなければならない。

2　パートタイム労働者は、次の各事項を遵守して、職場の秩序を保持するように努めなければならない。

⑴　会社の名誉または信用を傷つける行為をしない。

⑵　会社、取引先等の機密や個人情報を他に漏らさない。

⑶　会社の施設、備品を大切に扱う。

⑷　許可なく職務外目的で会社施設、備品等を使用しない。

⑸　勤務時間中は許可なく業務を中断せず、または職場を離れない。

⑹　みだりに遅刻、早退、私用外出および欠勤をせず、やむを得

ない場合は、事前に届け出る。

⑺　職務を利用して自己利益を図り、不正な行為を行わない。

⑻　職場の整理整頓を行い、快適な職場環境を作る。

⑼　所定の作業服・作業帽を着用し、社員証を携帯する。

⑽　その他業務の正常な運営を妨げ、または職場の風紀・秩序を乱すような行為を行わない。

第4章　労働時間、休憩および休日

第18条（労働時間および休憩）　パートタイム労働者の労働時間は1日6時間以内、かつ週30時間以内とし、始業および終業の時刻ならびに休憩時間は、原則として次の通りとし、労働契約を結ぶときに各人別に定める。

	所定労働時間	始業時刻	終業時刻	休憩時間
A勤務	6時間	8時	14時45分	11時00分～11時45分
B勤務	6時間	11時	17時45分	14時00分～14時45分
C勤務	6時間	14時	20時45分	17時00分～17時45分

2　前項にかかわらず業務の都合その他やむを得ない事情により始業・終業・休憩時刻の繰上げ、繰下げをすることがある。

3　休憩時間は、自由に利用することができる。

第19条（休日）　休日は、次の通りとする。

⑴　毎週土曜日・日曜日

⑵　国民の祝日（振替休日も含む）および国民の休日

⑶　年末年始（12月○日より1月○日まで）

⑷　その他会社が定める休日

第20条（休日の振替）　前条の休日について、業務の都合により必要やむを得ない場合は、あらかじめ他の日と振り替えることがある。ただし、休日は4週を通じて8日を下回らないようにする。

2 休日の振替を行うときは、対象者に事前に通知する。

第21条（時間外労働・休日労働） 会社は、所定労働時間を超えて、または所定労働日以外の休日にパートタイム労働者を就業させないように努めなければならない。

2 前項の規定にかかわらず、業務の都合上やむを得ない場合は、個別の同意を得た上で、所定労働時間を超える時間または所定労働日以外の休日にパートタイム労働者を就業させることができる。

第22条（出退勤手続） パートタイム労働者は、出退勤にあたり各自のタイムカードで出退勤の時刻を記録しなければならない。

2 タイムカードは自ら打刻し、他人に依頼してはならない。

第5章　休暇等

第23条（年次有給休暇） 6か月以上継続して勤務し、会社の定める所定労働日数の8割以上を出勤したときは、年次有給休暇を労働基準法の規定に従い与える。

2 年次有給休暇を取得しようとするときは、期日を指定して、事前に会社へ届け出なければならない。

3 パートタイム労働者が指定した期日に年次有給休暇を与えると事業の正常な運営に著しく支障があると認められる場合、会社は他の期日に変更することができる。

4 年次有給休暇中の賃金は、所定労働時間を労働した場合に支払われる通常の賃金を支給する。

5 従業員の過半数を代表する者との協定により、前項の規定にかかわらず、あらかじめ期日を指定して計画的に年次有給休暇を与えることがある。ただし、各人の持つ年次有給休暇付与日数のうち5日を超える日数の範囲とする。

6 当該年度の年次有給休暇で取得しなかった残日数については、翌年度に限り繰り越すことができる。

第24条（産前産後の休暇）　６週間（多胎妊娠の場合は14週間）以内に出産予定の女性は、請求によって休業することができる。

2　産後８週間を経過しない場合は就業させない。ただし、産後６週間を経過した女性から就業の申出があった場合、支障がないと医師が認めた業務に就業させることができる。

3　前２項の休暇は無給とする。

4　会社は、妊娠中の女性および産後１年を経過しない女性が請求した場合、法定労働時間を超える時間または法定休日に就業させない。

第25条（生理休暇）　生理日の就業が著しく困難な女性が請求した場合には、休暇を与える。

2　前項の休暇は無給とする。

第26条（育児時間）　生後１歳に満たない子を養育する女性から会社に請求があった場合、休憩時間の他に１日２回、１回につき30分の育児時間を与える。

2　育児時間は無給とする。

第27条（育児休業等）　１歳に満たない子を養育する女性が希望するときは、会社に申し出て育児休業をし、または育児短時間勤務制度の適用を受けることができる。

2　前項の休業および就業しなかった時間は無給とする。

3　育児休業、育児短時間勤務制度の適用は、別に定める「育児休業規程」による。

第28条（介護休業等）　要介護状態にある家族を介護する必要があるパートタイム労働者が希望するときは、会社に申し出て介護休業をし、または介護短時間勤務制度の適用を受けることができる。

2　前項の休業および就業しなかった時間は無給とする。

3　介護休業または介護短時間勤務制度の適用は、別に定める「介護休業規程」による。

第6章　賃金

第29条（賃金構成）　パートタイム労働者の賃金は次の通りとする。

⑴　基本給　時間給とし、職務内容、経験、職務遂行能力等を考慮して各人個別に決定する。

⑵　諸手当

①通勤手当　通勤実費を支給するが、1か月の上限は〇円とする。

②時間外勤務手当　1日8時間を超える時間外労働の場合、8時間を超えた部分については、通常の賃金の125％の割増賃金を支給する。ただし、1か月の時間外労働が60時間を超えた場合、60時間を超えた部分については、通常の賃金の150％の割増賃金を支給する。

③休日勤務手当　第20条の休日のうち法定休日にも該当する日に労働した場合、通常の賃金の135％の割増賃金を支給する。

第30条（賃金締切日および支払日）　賃金は、前月21日から当月20日までを一賃金計算期間とし、当月末日に支給する。ただし、支給日が休日にあたる場合は、その前日に支給する。

2　賃金は、その全額を直接本人に支払う。ただし、本人の同意がある場合は、本人名義の銀行口座への振込みによって支払う。

第31条（賃金からの控除）　次に掲げるものは賃金から控除するものとする。

⑴　源泉所得税

⑵　住民税

⑶　雇用保険および社会保険の被保険者については、当該保険料の被保険者の負担分

⑷　その他従業員の過半数を代表する者との書面による協定により控除することとしたもの

第32条（欠勤等の扱い）　欠勤、遅刻、早退、私用外出の時間については、勤務しなかった時間分の時間給の額を差し引く。

第33条（昇格）　会社は、労働契約を継続する際、その勤務成績等を考慮して、時間給を昇給させることができる。

第34条（賞与）　パートタイム労働者には、原則賞与を支給しない。

第35条（退職金）　パートタイム労働者には、原則退職金を支給しない。

第7章　福利厚生

第36条（福利厚生）　会社は、福利厚生施設の利用および行事への参加については、正規社員と同様の取扱いをするように配慮する。

第37条（社会保険等の加入）　パートタイム労働者の労働条件が、常態として社会保険および雇用保険の加入要件に該当した場合は、所定の加入手続をとらなければならない。

第38条（教育訓練の実施）　会社は、パートタイム労働者に対して必要がある場合には、教育訓練を実施する。

第8章　安全衛生および災害補償

第39条（安全衛生の確保）　会社は、パートタイム労働者の作業環境の改善を図り、安全衛生教育、健康診断その他必要な措置を講ずる。

2　パートタイム労働者は、安全衛生に関する法令、規則ならびに会社の指示を守り、会社と協力して労働災害の防止に努めなければならない。

第40条（安全衛生教育）　会社は、パートタイム労働者に対し、採用時および作業内容が変更になった場合等には、必要な安全衛生教育を行う。

第41条（健康診断）　労働契約の継続により1年以上雇用されているパートタイム労働者については、健康診断を行う。

2　有害な業務に従事する者については、特殊健康診断を行う。

第42条（災害補償）　パートタイム労働者が業務上の事由もしくは通勤により負傷し、疾病にかかり、または死亡した場合は、労働

者災害補償保険法に定める保険給付を受けるものとする。

2　パートタイム労働者が業務上の負傷または疾病により休業する
場合の最初の3日間は、会社が平均賃金の60％の休業補償を行う。

第9章　賞　罰

第43条（表彰）　パートタイム労働者が、とくに会社の信用を高め
るなどの功績があった場合、その都度審査の上、表彰する。

2　表彰は、表彰状を授与し、あわせて表彰の内容により賞品もし
くは賞金を併せて授与する。

第44条（懲戒事由）　パートタイム労働者が次のいずれかに該当す
るときは、懲戒処分を行う。

(1)　本規則、または本規則に基づいて作成された諸規則にたびた
び違反するとき

(2)　正当な理由なく、無断欠勤が5日以上続いたとき

(3)　欠勤、遅刻、早退が続き、業務に熱心とは言い得ないとき

(4)　故意に業務の遂行を妨げたとき

(5)　素行不良により会社の風紀、秩序を乱すとき

(6)　許可なく会社の金品を持ち出し、または持ち出そうとしたとき

(7)　会社内において、刑法犯に該当する行為があったとき

(8)　重大な経歴を詐称したとき

(9)　会社の名誉、信用を傷つけたとき

(10)　その他前各号に準ずる程度の不都合な行為があったとき

第45条（懲戒処分の種類）　懲戒処分は情状により次の区分で行う。

(1)　けん責　始末書を提出させ将来を戒める。

(2)　減給　けん責の上、賃金の一部を減額する。ただし、減給は、
1回の額が平均賃金の1日分の半額を、総額が1賃金支払期間
の10分の1を超えない範囲で行う。

(3)　出勤停止　けん責の上、7日以内を限度として出勤を停止さ

せる。なお、その間の賃金は支給しない。

(4) 諭旨退職　けん責の上、退職願の提出を要求する。ただし、これに応じないときは懲戒解雇とする。

(5) 懲戒解雇　予告期間を設けることなく即時に解雇する。この場合において所轄労働基準監督署長の認定を受けたときは、予告手当の支給も行わない。

第46条（損害賠償） パートタイム労働者が故意または重大な過失によって会社に損害を与えたときは、損害の全部または一部を賠償させることがある。

附　則

1　本規則を変更または廃止する場合は、取締役会の承認を必要とする。

2　本規則は令和○年○月○日から改正し、同日施行する。

3　本規則の主管者は総務部門長とする。

4　この規則を改廃する場合は「過半数従業員の選出に関する規程」に基づいて選出された従業員の過半数代表者の意見を聴いて行う。

（制定・改廃記録）

制定　　平成20年4月5日

改正　　平成27年2月5日

改正　　令和○年○月○日

2 副業・兼業についての規定づくりと書式作成の仕方

▶ 副業・兼業とは

　副業や兼業に明確な定義があるわけではありませんが、一般的には「本業以外で収入を得る仕事」とされています。企業と雇用契約を結んで労働者として働く場合を副業と呼び、個人事業主として請負契約などを結んで業務を行う場合などを兼業と呼ぶこともあります。

　副業・兼業について規制する法律はありません。しかし、働き方改革の一連の流れの中で、厚生労働省作成のモデル就業規則の副業・兼業に関する規定は「原則推進」とされています。副業・兼業の推進の環境整備を行うために作成されたガイドラインが「副業・兼業の促進に関するガイドライン」です。ガイドラインでは、現行の労働基準法が規定する本業と副業の労働時間の通算について触れており、労働時間を適切に管理するためにも、副業・兼業の内容を事前に申請・届出させることが望ましいとしています。

　副業・兼業を認める場合、会社が気を付けなければならないことは、事業場を異にする場合（事業主が異なる場合も含む）において労働時間を通算するということです。令和2年9月のガイドラインの改定によって、自らの事業場の労働時間と労働者からの申告などにより把握した他の使用者の事業場における労働時間を通算することが明記されました。労働者から申告がなかった場合や事実と異なった申告があった場合には、労働者から申告のあった時間で通算すればよいとされています。

　また、健康管理について、会社は労働者に対して健康診断を受診させる義務があります。ただし、週の所定労働時間が通常の労働者の所定労働時間の4分の3より少ない労働者については受診させる義務はありません（所定労働時間の2分の1以上の労働者には実施することが望まし

いとされています）。副業・兼業をしていても労働時間の通算をする必要はありません。

▶ どんな規定を盛り込むのか

　副業・兼業を認める場合には、就業規則に、以下のような規定を盛り込みます。副業・兼業の規定がないと、労働者は自由に副業・兼業をできると誤解し、後に大きなトラブルになる可能性があります。次の規定例は、厚生労働省のモデル就業規則における副業・兼業に関する規定例です。

第70条（副業・兼業）労働者は、勤務時間外において、他の会社等の業務に従事することができる。

2　会社は、労働者からの前項の業務に従事する旨の届出に基づき、当該労働者が当該業務に従事することにより、次の各号のいずれかに該当する場合には、これを禁止または制限することができる。

①　労務提供上の支障がある場合

②　企業秘密が漏洩する場合

③　会社の名誉や信用を損なう行為や、信頼関係を破壊する行為がある場合

④　競業により、企業の利益を害する場合

　上記の規定は、あくまでも副業・兼業に関する規定の一例であり、各企業において必ずこの規定例どおりの規定にしなければならないという性質のものではありません。

　就業規則の内容は事業場の実態に合ったものとしなければならないことから、副業・兼業の導入の際には、労使間で十分検討する必要があります。労働者の副業・兼業について、裁判例では労働者が労働時間以外の時間をどのように利用するかは基本的には労働者の自由であることが示されていることから、第１項において、労働者が副業・兼業できるこ

とを明示しています。

▶ 届出制、許可制を規定する

　労働者の副業・兼業を認める場合には、労務提供上の支障や企業秘密の漏洩がないか、長時間労働を招くものとなっていないかなどを確認する必要があります。そこで、前ページの規定例では第2項において労働者からの届出に基づき判断を行うことを規定しています。

　また、届出制以外にも、別途許可基準を設け、申請があった場合に許可基準を基に副業の許可を判断することもできます。しかし、必要以上に細かい許可基準を設けてしまうと、副業の自由を制限しているとも考えられ無効となる可能性があります。許可基準においても第2項各号で規定したような合理性のある事由にしなければなりません。

　とくに、労働者が自社、副業・兼業先の両方で雇用されている場合には、時間外労働の計算などにおいて労働時間の通算をする必要があり、労働者の副業・兼業の内容を把握するため、副業・兼業の内容を届出制もしくは許可制にすることがより望ましいといえます。

　裁判例では、労働者の副業・兼業について各企業の制限が許される場

■ 副業・兼業の労働時間管理

労働時間は、事業場を異にする場合（使用者が異なる場合も含む）も通算する

（企業の対応）下記の内容を把握しておく
・他の使用者の事業場の事業内容
・他の使用者の事業場で労働者が従事する業務内容
・労働時間の通算の対象となるか否かの確認
・他の使用者との労働契約の締結日・期間
・他の使用者の事業場での所定労働時間等
・他の使用者の事業場における実労働時間等の報告

届出制・
許可制にする

➡ 労働者から申告のあった労働時間で通算する

合は、第2項各号で規定したような場合であることが示されています。

　各号に該当するかどうかは各企業で判断するものですが、就業規則の規定を拡大解釈して、必要以上に労働者の副業・兼業を制限することのないよう、適切な運用を心がけるようにしましょう。

　なお、2項第1号（労務提供上の支障がある場合）には、副業・兼業が原因で自社の業務が十分に行えない場合や、長時間労働等、労働者の健康に影響が生じるおそれがある場合が含まれます。

　裁判例でも、自動車運転業務について、隔日勤務に就くタクシー運転手が非番日に会社に無断で輸出車の移送、船積み等をするアルバイトを行った事例において、「タクシー乗務の性質上、乗務前の休養が要請されること等の事情を考えると、本件アルバイトは就業規則により禁止された兼業に該当すると解するのが相当である」としたものがあることに留意が必要です。

▶ 副業開始後の取扱いも重要

　副業・兼業開始後の取扱いに関する規定を定めることもできます。たとえば、年に1回は定期面談を行うことを規定し、労働時間などについて届出事項と実際とで差異が生じていないかを定期的に確認することができます。差異が生じており、副業を継続することに問題が生じている場合には、副業の承認を取り消すことができる内容の規定を置くこともできます。

　なお、会社によっては、就業規則本体とは別に副業・兼業規程（書式2）を作成することも考えられます。とくに、許可制を採用する場合には、許可条件などの詳細な規定が必要になりますので、別個の規程を作成した方がよい場合が多いでしょう。

書式2　副業・兼業規程

　許可基準（第5条）については、あまり詳細に規定しすぎると副業・兼業推進の妨げになる可能性があるため、注意が必要です。健康確保や長時間労働防止の観点から、167ページの規程例では、三六協定の上限

時間を参考に、本業先の時間外労働と副業・兼業先の所定労働時間を合わせて毎月45時間としています。また、休日についても法定休日が確保できるよう月４日以上となるように許可基準を規定しています。

　副業・兼業を許可しない場合、次ページの規程例第３条などを参考に作成するとよいでしょう。副業・兼業を許可する人（許可権者）は誰かということも重要です。副業・兼業の場合、「本業に支障をきたしているか」「健康状態は良好か」などについては、人事部などより直属の上司の方が把握しやすいと考えられます。そのため、許可権者についても労働者と直接関わりのある所属長などとする方がよい場合もあります。

　また、留意事項として、副業・兼業先で業務災害が起きた場合の労災保険給付については、「複数事業労働者に対する労災給付」として、賃金の合算等について定められています。会社としては、副業・兼業推進のための法整備が十分ではない面もあることも労働者に積極的に伝え、理解させた上で開始してもらうとよいでしょう。

■ 副業・兼業の許可の流れと規定例の関係

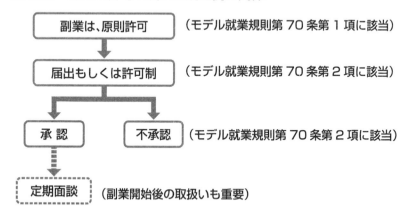

副業は、原則許可　（モデル就業規則第 70 条第１項に該当）

届出もしくは許可制　（モデル就業規則第 70 条第２項に該当）

承認　不承認　（モデル就業規則第 70 条第２項に該当）

定期面談　（副業開始後の取扱いも重要）

副業・兼業規程

第1条（目的）　この副業・兼業規程（以下「本規程」という）は、株式会社○○（以下「当社」という）の就業規則第○条に基づき、当社の役員、正社員、契約社員、パート、アルバイト等（以下「従業員」という）が第2条に定義する副業・兼業を行う場合の許可等に関する取扱いについて定めるものとする。

2　副業・兼業は、従業員の知識・スキルの獲得、従業員の自主性・自律性の促進、従業員の当社への定着または社外の情報等による事業機会の拡大に資するものでなければならない。

第2条（定義）　本規程において、「副業・兼業」とは、従業員が当社の業務の一環ではない次の各号に掲げる行為をすることをいう。また、本規程において、副業・兼業を行う事業場のことを「副業・兼業先事業場」という。

(1)　会社その他の団体の従業員、役員等に就職・就任すること

(2)　自ら事業を営むこと

(3)　何らかの事業または事務に従事すること

(4)　その他前各号に類するもの

第3条（許可申請）　従業員は、勤務時間外において、他の会社等の業務に従事することができるが、第5条に抵触する場合に当社は、これを禁止または制限することができる。副業・兼業をしようとするときは、開始する2週間前までに、別途定める様式により許可申請を行わなければならない。

2　副業・兼業の許可を受けた従業員は、許可申請の内容に変更があり、引き続き副業・兼業を行おうとするときは、事前に再度許可申請を行い、許可を受けなければならない。ただし、やむを得ない事由があるときは、許可申請の内容に変更が生じた後、直ちに再度許可申請を行い、許可を受けることで足りる。

第４条（許可権者） 前条に規定する副業・兼業の許可は、許可を申請する従業員の所属長が行う。

第５条（許可基準） 前条の所属長は、次の各号のすべての事項を充たす場合のみ、副業・兼業を許可することができる。

⑴ 副業・兼業先事業場が当社の同業他社でないこと

⑵ 長時間労働により従業員の健康を害するおそれがないこと（①申請時における直近６か月の平均１か月間の当社における時間外労働時間と副業・兼業先事業場における１か月間に予想される勤務時間の合計時間がおおむね月45時間を超えないこと、及び、②当社と副業・兼業先事業場のいずれにも就業しない休日を月４日以上は確保できることを目安とする）

⑶ 副業・兼業先事業場の勤務により、当社の勤務に変更の必要がなく、当社の業務の遂行に支障を来すおそれもないこと

⑷ 副業・兼業先事業場の業種が下記に該当しないこと

① 風俗営業等の規制及び業務の適正化等に関する法律に規定する風俗営業

② 酒肴等を客に提供する飲食店

③ 暴力団員による不当な行為の防止等に関する法律に規定する暴力団、指定暴力団等が行う事業

④ その他従業員の健康又は福祉を害するおそれのある事業

第６条（留意事項） 従業員は、次の各号のすべての事項について認識し、理解した上で、副業・兼業を行うものとする。

⑴ 副業・兼業先事業場において、業務災害による傷病及び副業・兼業先事業場に向かう途上の通勤災害並びに副業・兼業先事業場より自宅に向かう途上の通勤災害による傷病に伴う休業において、休業補償の金額の算定の基礎となる賃金が、副業・兼業先事業場における賃金のみとなること

⑵ 副業・兼業先事業場での労働によって長時間労働を来し、長時間労働による過労に伴う疾病を発症し、または死亡した場合

において、当社は損害賠償の責めには応じないこと

(3) 労働時間の管理は、自己管理とすること

(4) 本条第1項から第3項の規定にかかわらず、労働者災害補償保険法等に別段の定めのあるときは、その定めによること

第7条（勤怠状況の報告義務） 副業・兼業を行う従業員は、毎月決められた期日までに、別途定める様式により副業・兼業先事業場の毎月の勤怠状況を当社に報告しなければならない。

第8条（職務専念義務） 従業員は、許可を得て副業・兼業を行う場合でも、当社の勤務時間中は、当社の業務に専念しなければならない。

第9条（機密保持義務） 従業員は、当社の在職中及び退職後において、副業・兼業先その他の第三者に対して、業務上知り得た当社及び当社の取引先等の機密情報を漏洩してはならない。

第10条（許可の取消） 第5条の規定により許可を受けた従業員が、次の各号のいずれかに該当するに至ったときは、所属長は、当該許可を取り消すことができる。

(1) 第3条第1項もしくは第2項の申請または第7条の報告に虚偽のあることが発覚したとき

(2) 第3条第2項の申請または第7条の報告を怠ったとき

(3) 第5条各号のいずれかに反する状態となったとき

(4) 第8条または第9条の義務に違反したとき

(5) その他、副業・兼業をさせることが相当でないと当社が認めたとき

第11条（懲戒処分） 当社は、従業員に本規程に違反する行為があったときは、懲戒処分を行うことができる。

附則
本規定は、令和〇年〇月〇日より施行する。

3 副業・兼業・業務委託の書式作成の仕方

書式3　副業・兼業許可申請書

　副業・兼業を希望している従業員が会社に提出する書類です。副業・兼業の勤務先や業種、労働時間などを記載してもらいます。副業先が競業関係にないか、情報漏洩がないかを確認します。労働時間の通算のために労働時間などを把握しておきましょう。

書式4　副業・兼業許可通知書

　副業・兼業許可申請書の記載内容に問題がなければ、従業員に対して許可の通知をする書式です。許可の期間を無期限にすることも考えられますが、この書式では1年間を許可期間としています。

書式5　他事業主における就業状況報告書

　従業員によっては、副業先として自社を選択し、入社を希望する場合もあります。採用時にこの書式を提出してもらうことで、他事業主の業種や労働時間を知ることができます。この場合においても「副業・兼業許可申請書」を流用することは可能です。

書式6　副業・兼業等の労働時間報告書

　労働時間通算や従業員の健康管理のために、毎月、労働時間報告書の提出を義務としておくことが有効です。この書式は、通常の労働時間制を採用している副業・兼業先などを前提に作成しています。フレックスタイム制などを採用している場合には、別の書式の作成が必要です。

書式7　副業・兼業に関する誓約書

　副業・兼業許可申請書の添付書類として提出が想定される書式です。副業・兼業を行う際の遵守事項等を記載します。

170

書式3　副業・兼業許可申請書

副業・兼業許可申請書

人事部長○○殿　　　　　　　　　申請日：令和5年6月5日
　　　　　　　　　　　　　　　　所属・氏名：経理部・○○○○

　私は、副業・兼業規程第○条に基づき、副業を希望しますので、以下の通り申請致します。

1.	副業・兼業先会社名	株式会社△△（業種：小売業）
2.	所在地	東京都○○区○○123
3.	契約形態	雇用／請負（業務委託）
4.	契約期間	令和5年7月1日～令和6年6月30日
5.	労働日数	毎週（土曜日）／週（　　回） 1か月（　　日程度）
6.	勤務時間	8時00分～17時00分（8時間）
7.	休憩時間	12時00分～13時00分（1時間）
8.	労働時間制	通常／変形労働時間制／裁量労働制／フレックスタイム制／事業場外みなし労働時間制／その他
9.	法定休日	月曜日
10.	業務内容	接客販売
11.	副業先での立場	管理監督者／管理監督者でない
12.	申請理由	スキルアップのため
13.	備考	

※申請内容に変更が生じる場合には、事前に再度申請を行うこと
※副業・兼業に関する誓約書、上記労働条件等を確認できる書類（求人票）を添付すること

副業・兼業許可通知書

令和5年6月12日

所属：経理部
氏名：○○○○様

○○株式会社
人事部

　先に申請されました副業・兼業について、副業・兼業許可申請書の記載内容のとおり許可します。

　なお、許可の期間は、令和5年7月1日から令和6年6月30日までです。更新する場合には、許可期間満了の1か月前までに会社に通知して下さい。

書式5 他事業主における就業状況報告書

他事業主における就業状況報告書

申請日：令和5年6月5日

氏名：○○　○○

　私は、以下のとおり他事業主との雇用契約・請負契約がありますので、報告致します。

1.	会社名	株式会社　△△　　（業種：小売業）
2.	所在地	東京都○○区○○123
3.	契約形態	(雇用) ／　請負（業務委託）
4.	契約期間	令和5年7月1日～令和6年6月30日
5.	労働日数	毎週（土曜日）／　週（　　　回）／ 1か月（　　　日程度）
6.	勤務時間	8時00分～17時00分（8時間）
7.	休憩時間	12時00分～13時00分（1時間）
8.	労働時間制	(通常)／変形労働時間制／裁量労働制／ フレックスタイム制／ 事業場外みなし労働時間制／その他
9.	法定休日	月曜日
10.	業務内容	接客販売
11.	就業先での立場	管理監督者 ／(管理監督者でない)
12.	備考	

※報告内容に変更が生じた場合には、再度報告を行うこと

※副業・兼業に関する誓約書、上記労働条件等を確認できる書類（労働契約書）を添付すること

副業・兼業等の労働時間報告書

申請日：令和5年8月3日

○○株式会社
　人事部長殿

所属・氏名：経理部・○○○○

令和5年7月の副業・兼業等の実績を以下のとおり報告します。

記

1.	会社名	株式会社　△△　　（業種：小売業）
2.	契約形態	ⓐ雇用　/　請負（業務委託）
3.	月間労働日数	4日
4.	月間労働時間数	32時間
5.	本業との合算で1日8時間を超えて働いた日	ⓐ無 ・ 有（その日を下記に記載）
6.	本業との合算で1週間40時間を超えて働いた日	無 ・ ⓐ有（その日を下記に記載）6／6、13、20、27
7.	現在の健康状態	ⓐ良好 ・ 普通 ・ 不良
8.	備考	

添付書類：副業・兼業先のタイムカードの写し　もしくは
　　　　　会社指定の勤務状況報告書

書式7　副業・兼業に関する誓約書

副業・兼業に関する誓約書

申請日：令和5年6月5日

○○株式会社

　人事部長殿

住所：

氏名：　　○○○○　　　　㊞

　私は、副業（兼業）を行うにあたり、次の事項を誓約します。

1　本業の就業時間においては副業を行わず、職務に専念します。

2　同業や競合他社への秘密情報の開示もしくは漏洩はしません。

3　会社の信用を傷つける行為は行いません。

4　健康の維持のために体調管理は自己責任で行います。副業により健康状態に異常が見られる場合には、副業を終了します。

5　会社の就業規則および副業・兼業規程を遵守します。

6　許可申請書の記載内容に偽りはありません。

7　申請内容に変更があった場合には7日以内に届出を行います。

8　毎月10日までに前月分の「副業・兼業等の労働時間報告書」を提出します。

9　許可期間中であっても、許可申請内容に変更があったにもかかわらず変更にかかる許可申請を怠った場合、就業規則・副業兼業規程・誓約書などの遵守事項に違反があった場合、会社への提出書類に偽りがあった場合、その他許可を取り消すべき事情が生じた場合には、副業の許可を取り消すことがあることを理解しました。

10　誓約書に記載された内容に違反した場合、就業規則に基づく懲戒処分を受けることがあることを理解しました。

4 嘱託社員規程の作成

　嘱託社員規程とは、嘱託社員の取扱いについて定めた社内規程です。高年齢者雇用安定法では、定年を65歳未満と定めている企業については、原則として、希望している労働者の全員に対して、①定年を65歳まで引き上げる、②65歳までの継続雇用制度を導入する、③定年制を廃止する、のいずれかの雇用確保措置を講じることが義務化されています。②の継続雇用制度とは、現に雇用している高年齢者が希望するときは、その高年齢者を定年後も引き続いて雇用する制度です。労使協定で継続雇用する労働者を限定することは、認められていません。

　ただし、平成25年3月末日までに労使協定が締結されていた場合に限りますが、特例として令和7年3月31日までは、継続雇用の対象になる労働者を限定することが認められています。この特例が適用される場合には、再雇用社員（嘱託社員）の就業規則にも、その点について記載することになります（嘱託社員規程、第4条参照）。継続雇用制度のひとつとして考えられるのが再雇用制度です。再雇用制度とは、定年退職した労働者を再び雇用する制度です。そして、再雇用した労働者を「嘱託社員」と呼ぶことが多いようです。今後は嘱託社員の増加が見込まれるため、「嘱託社員規程」などの嘱託社員用の就業規則も重要性が増すことが考えられます。嘱託社員用の就業規則には、正社員との違いを考慮した上で、契約期間、年次有給休暇、賃金などの取扱いを定めるとよいでしょう。

　令和3年4月1日から、65歳から70歳までの高年齢者就業確保措置が創設され、70歳までの就業を支援する努力義務が課されました。

嘱託社員規程

第1章　総　則

第1条（目的）　この規程は、○○株式会社（以下、「会社」という）に勤務する嘱託社員の雇用およびその就業に関する取扱いを定めたものである。

2　この規則に定めのないことについては、労働基準法その他の法令および個別の嘱託雇用契約に定めるところによる。

第2条（嘱託の定義）　この規程で嘱託社員とは、定年退職後に継続雇用制度の対象者として再雇用された者をいう。

第3条（規則遵守義務）　嘱託社員はこの規程を遵守し、他の従業員と協調し、相協力して社業の発展に努めなければならない。

第2章　人　事

第4条（雇用基準）　会社は、高年齢者雇用安定法一部改正法附則第3項に基づき効力を有するとされる改正前の高年齢者雇用安定法第9条第2項に基づく労使協定の定めるところにより、次の各号に掲げる基準（以下「対象高齢者基準」という）のいずれにも該当する者について、65歳まで継続雇用する。

①　引き続き勤務することを希望している者

②　過去○年間において、○割以上出勤している者

③　心身の健康状態が業務遂行上、支障がないこと

2　前項の対象高齢者基準は、以下の左欄に掲げる区分に応じ、それぞれ右欄に掲げる年齢以上の者を対象に適用するものとする。

・平成25年4月1日から平成28年3月31日まで：61歳

・平成28年4月1日から平成31年3月31日まで：62歳

・平成31年4月1日から令和4年3月31日まで：63歳

・令和４年４月１日から令和７年３月31日まで：64歳

第５条（再雇用契約） 嘱託社員として継続雇用勤務を希望する者は、定年退職日の２か月前までに、会社に申し出るものとする。

2　会社は、申出に基づく面接を行い、再雇用の際の就業条件を協議し、採用する場合には雇入通知書を交付する。

第６条（雇用期間） 嘱託社員の労働契約の期間（雇用期間）については、１年以内の雇用期間を定めることとする。

2　継続雇用の上限年齢は、満65歳とする。

3　前項の規定にかかわらず、次のいずれかに該当する場合は、契約期間の満了日をもって労働契約を終了することがある。

①　業務を遂行する能力が十分ではないと認められるとき

②　職務命令に対する違反行為を行ったとき

③　無断欠勤をしたこと

④　勤務成績が不良であること

⑤　事業縮小が必要であるとき

4　第１項の規定にかかわらず、会社は、正社員の就業規則第○条に基づき懲戒事由に該当することを理由として、嘱託社員を解雇することがある。

5　会社は契約の更新をしない場合は、30日前までにその旨を本人に予告する。

6　前項の契約の更新をしない予告をした場合、本人が更新しない理由について証明書を請求したときは、会社は遅滞なく証明書を交付する。

7　契約の更新をしなかった場合も前項と同様に、本人の請求により更新しなかった理由について証明書を交付する。

第７条（勤務場所および職種） 嘱託社員は、原則として定年時の勤務場所および職種で勤務するものとする。

2　業務の必要性がある場合は、他の勤務場所および職種へ異動さ

せることがある。この場合、当該嘱託社員は、正当な理由なく命令を拒否できない。

第8条（退職）　嘱託社員が次の各号のいずれかに該当するに至ったときは退職とする。

① 　嘱託雇用契約の期間が満了し、契約の更新をしないとき

② 　死亡したとき

③ 　退職願を提出し会社が承認したとき

④ 　その他前各号に準ずるやむを得ない事情があるとき

第9条（自己都合退職の手続）　嘱託社員が自己の都合により退職しようとするときは、少なくとも退職予定日1か月前までに退職願を提出し、会社の承認を受けなければならない。

第10条（解雇）　嘱託社員が次の各号のいずれかに該当するときは、解雇する。

① 　精神または身体の故障により、業務に耐えられないと認められたとき

② 　天災地変、その他やむを得ない事由により、事業の縮小、廃止その他事業の継続が不可能となったとき

③ 　業務上の指示命令に従わないとき

④ 　その他前各号に準ずるやむを得ない事情があるとき

第11条（解雇の予告）　前条および第6条第4項の規定による嘱託社員の解雇は、30日前の解雇予告、あるいは平均賃金の30日分の解雇予告手当を支払った上で行う。

2 　予告の日数は、1日について平均賃金を支払った場合は、その日数を短縮する。

第3章　服務規律

第12条（服務規律）　服務規律は、正社員の就業規則を準用する。

第4章　労働時間、休憩および休日

第13条（就業時間、休憩および休日）　就業時間、休憩時間および休日については、正社員の就業規則に準じて、個別の嘱託契約で定める。

2　業務上必要がある場合には、前項で定める休日を他の労働日と振り替えることがある。

第14条（時間外、休日および深夜勤務）　業務の都合により、所定時間外、休日および深夜に勤務させることがある。

2　前項の労働は、労使協定で定めた時間を限度とする。

第15条（年次有給休暇）　年次有給休暇については、労働基準法の定めるところによる。

2　年次有給休暇の取扱いについては、正社員の就業規則を準用する。

第16条（年次有給休暇以外の休暇等）　嘱託社員の年次有給休暇以外の休暇等は、正社員の就業規則を準用する。

第5章　賃　金

第17条（賃金構成）　嘱託社員の賃金は、基本給および各種手当から構成する。

2　基本給は時間給もしくは日給とし、その金額は、本人の職務、能力および経験等を考慮して個別の嘱託契約で定める。

3　賃金の締切日および支給日については、正社員の就業規則を準用する。

第18条（各種手当）　各種手当の支給は、原則として正社員に準ずるものとする。

第19条（昇給）　昇給は原則として行わない。ただし、会社は、嘱託契約を更新する際、その勤務成績等を考慮して、昇給させることがある。

第20条（賞与）　嘱託社員に対しては、原則として賞与は支給しない。

第21条（退職金）　嘱託社員に対しては、原則として退職金は支給しない。ただし、会社に対してとくに功労のあった者については、

退職慰労金として支給することがある。

第22条（賃金の控除）　賃金の支払に際して、源泉所得税、社会保険料など、法令に定められた金額を控除する。

第6章　福利厚生

第23条（福利厚生）　会社は、福利厚生施設の利用および行事への参加については、正社員に準ずるように配慮する。

第24条（社会保険等）　会社は、嘱託社員の労働条件が常態として社会保険および雇用保険の加入要件に該当した場合は、所定の加入手続きをとらなければならない。

第7章　安全衛生および災害補償

第25条（安全衛生および災害補償）　安全衛生および災害補償については、正社員の就業規則を準用する。

第8章　表彰および懲戒

第26条（表彰および懲戒）　表彰および懲戒については、正社員の就業規則を準用する。

附　　則

　1　この規程を変更または廃止する場合は、取締役会の承認を必要とする。

　2　この規程は令和○年7月1日に制定し、同日実施する。

　3　この規程は令和○年10月1日から改正し、同日実施する。

　4　この規程の主管者は総務部門長とする。

（制定記録）

　制定　令和○年7月1日

　改正　令和○年10月1日

5 在宅勤務規程作成の仕方

▶ 在宅勤務規程をどのような形で定めるとよいか

　在宅勤務制度を導入する場合には、労働時間などの規定の他にも対象者や費用の負担など定めた方がよい項目が多くあります。このような場合には、就業規則に規定を置くだけでなく、別途「在宅勤務規程」（書式9）を新たに作成する方法もあります。就業規則への記載例は以下の通りです。

　第○条　この規則は、株式会社○○の従業員に適用する

　2　パートタイム従業員の就業に関する事項については、別に定めるところによる。

　3　従業員の在宅勤務に関する事項については、別に定める「在宅勤務規程」による。

　第○条　所定労働時間は、1週40時間1日8時間とする。

　2　始業時刻、終業時刻及び休憩時間は、次のとおりとする。

　　始業時刻　○○時○○分　終業時刻　○○時○○分

　　休憩時間　○○時～○○時

　3　前項にかかわらず、始業・終業時刻、休憩時間を繰上げまたは繰下げを行うことがある。

　4　在宅勤務者の労働時間及び休憩時間については、別に定める「在宅勤務規程」による。

　以下、在宅勤務規程に記載すべきおもな項目のポイントを説明します。

① 業務の範囲

　在宅勤務で行う業務については、会社の業態によってさまざまな内容

が考えられます。定型的な経理の仕事や企画業務、設計・デザイン、プログラミング、原稿などの執筆については比較的、在宅勤務で行いやすい仕事といえます。その一方で、介護や販売など人と対面しながら行う業務については在宅勤務が難しいといえるでしょう。自社の業務内容や必要性などを考慮して決定するとよいでしょう。

② 対象者

　在宅勤務の対象者をどのようにするかは会社の目的に応じてさまざまです。書式9の在宅勤務規程では、育児・介護の状況、健康上の理由などによって対象者の範囲を限定しています。このような対象者の場合、在宅勤務を行うことでスムーズに通常勤務に復帰できるなどのメリットがあります。また、最近では感染症の拡大や災害の発生に備えて、会社に出勤させるのではなく、全従業員を対象に在宅勤務を指示できるような制度の導入を考えておく必要もあります。

③ 服務規律

　服務規律は就業規則にも記載されています。しかし、在宅勤務特有の遵守しなければならない項目もあるため在宅勤務規程にも記載しておく方がよいでしょう。とくに、会社から持ち出した情報や作成した成果物について、第三者が閲覧できる状態にすることや、紛失や毀損がないよう、情報管理に関する遵守事項を記載しておく必要があります。

④ 実施手続き

　どのように在宅勤務を実施するのか手続きを定めておく必要があります。一般的には、従業員が在宅勤務許可申請書（書式10）を提出し、所属長が許可することで在宅勤務を実施することになります。

⑤ 労働時間、時間外労働など

　在宅勤務も通常勤務と同様の始業時刻、終業時刻とすることができます。また、在宅勤務においても始業時刻、終業時刻を把握する勤怠管理は必要です。一般的には、始業、終業の際に所属長へ電話やメールを行うことで勤怠管理をする方法がとられています。在宅勤務であっても通常の労働時間制以外にフレックスタイム制や事業場外みなし労働制を採

用することも可能です。

　時間外労働や休日労働、欠勤については、所定の申請手続きを定め、所属長の許可制とすることが考えられます。

⑥　**休日、休暇**

　在宅勤務においても、週1日以上の休日を与えなければなりません。また、有給休暇も取得することができます。

⑦　**就労場所**

　就労場所は原則、自宅とします。また、親の介護を理由に在宅勤務をする場合には、親の自宅で業務をすることもありえます。そのため、自宅以外の就労場所での業務を認める場合には、機密情報の漏洩防止などの情報セキュリティの観点から許可制にしておいた方がよい場合が多いといえます。

⑧　**業務報告**

　日常の業務報告をどうするのかも会社の実情に合わせて定めておくとよいでしょう。

⑨　**連絡体制**

　在宅勤務中にトラブルが生じた場合に備えて、誰に連絡を行うかをあらかじめ定めておく必要があります。また、会社から従業員へ緊急連絡がある場合もあるため、確実に連絡できる方法をあらかじめ従業員に聞いておくことも必要です。

⑩　**給与・手当等**

　給与などの処遇は、従業員との合意により決定されるのが原則であり、就業規則等による一方的な不利益変更は十分な合理性がない限り認められません。従業員の理解を得ることと、適正な処遇内容であることが重要です。

⑪　**費用負担**

　在宅勤務では、新たにインターネット環境を維持するための通信費や自宅の水道光熱費が発生します。その場合の費用負担についても定めておく必要があります。それらの費用の切り分けは難しいため、従業員の

費用負担としつつ、一定額の手当を支給することも考えられます。また、会社や取引先との連絡に私用の携帯電話を利用する場合には、電話料金の費用負担などもあらかじめ定めておく方がよいでしょう。

⑫ 情報通信機器

　情報通信機器には、パソコン、プリンターなどが該当します。セキュリティの観点からは、原則として会社から貸与するパソコンなどを使用してもらう方がよいでしょう。自己所有のパソコンでは家族との共用やウイルス対策などが不十分で機密事項が守られない可能性があります。そのため、在宅勤務者所有の機器を利用する場合には別に定める個人端末業務利用規程（書式13）を遵守させることも必要です。

■ 在宅勤務規程の項目

業務の範囲	業務内容、必要性などを考慮して決定する
対象者	在宅勤務制度の導入目的に照らして、対象者を決定する
服務規律	在宅勤務特有の遵守しなければならない項目を記載する
実施手続き	申請や許可の手続きを定める
労働時間	通常の労働時間制、フレックスタイム制、裁量労働制、事業場外みなし労働制を検討する
休日、休暇	週1日以上は休日を与える
就労場所	自宅以外の就労場所を認めることも考えられる
業務報告	日報の提出などが考えられる
連絡体制	在宅勤務中のトラブルに備え事前に誰に連絡するかを決めておく
給与・手当	不利益変更となる場合は、原則として従業員の同意を得る
費用負担	通信費、水道光熱費などの費用分担を定めておく
情報通信機器	とくに自己所有のパソコンを使用させる場合はセキュリティ対策に留意する

在宅勤務規程

第1条（目的）　この在宅勤務規程（以下「本規程」という）は、就業規則第○条に基づき、一層の就業環境の向上に資するため、在宅で業務を遂行する者の労働条件その他の就業に関する事項を定める。

第2条（定義）　本規程において「在宅勤務者」とは、在宅勤務（労働時間の全部または一部について、自宅、その他自宅に準じる場所（会社指定の場所に限る）で情報通信機器を用いて行う勤務形態をいう）を行う従業員をいう。

第3条（業務の範囲）　在宅勤務にかかる業務の範囲は、次のとおりとする。

(1)　○○処理システムの分析および設計の業務

(2)　企画書の作成の業務

(3)　経理の業務

(4)　前各号の他、会社が必要と認める業務

第4条（対象者）　在宅勤務制度は、以下のいずれかを満たす者に適用する。

(1)　健康上の理由で通勤が困難であると、会社が認めた者

(2)　小学校就学前の子を養育する者

(3)　要介護者と同居する者

(4)　その他、会社が在宅勤務の必要があると認めた者

2　前項に該当する者は次の条件をいずれも満たさなければならない。

(1)　自宅に常時接続の固定回線に接続されたパソコンを所有し、文書情報等の送受信ができる者

(2)　所属長の承認を得た者

第5条（服務規律）　在宅勤務者は就業規則第○条に定めるものの他、次に定める事項を遵守しなければならない。

⑴　在宅勤務中は業務に専念すること。

⑵　在宅勤務の際に持ち出した会社の情報及び作成した成果物については第三者が閲覧、コピーしないように管理しなければならないこと。

⑶　第2号に定める情報及び作成した成果物は紛失、毀損しないように取り扱うこと。

⑷　在宅勤務にあたっては、別に定めるセキュリティガイドラインを遵守すること。

第6条（手続き）　在宅勤務を希望する者は、所定の「在宅勤務許可申請書」に、在宅勤務を必要とする理由等を記入して、2週間前までに所属長に提出し、その承認を得ることとする。

2　会社は、業務上その他の事由により、在宅勤務の承認を取り消すことができる。

第7条（期間）　在宅勤務期間は、原則として1か月以内とし、申請に基づき会社が指定する。

2　前項の在宅勤務期間のうち、在宅勤務をすることができる日の日数は、1か月間に○○日を限度とする。

第8条（利用終了等）　在宅勤務者が次のいずれかに該当したときは、通常の勤務形態に復帰するものとする。

⑴　指定期間が満了したとき

⑵　指定期間満了前に本人の申請があり会社が認めたとき

⑶　会社から通常勤務への復帰命令がなされたとき

第9条（労働時間等）　1日の勤務時間は、就業規則第○条（労働時間）の時間を原則とする。

2　休憩時間については、就業規則第○条（休憩）の定めるところによる。

3　前2項にかかわらず、会社の承認を得た場合には、始業時刻、終業時刻、休憩時間の変更を行うことができる。

第10条（休日・休暇）　休日・休暇についての取扱いは、就業規則第○条の定めるところによる。

第11条（時間外及び休日労働等）　在宅勤務者が時間外労働、休日労働及び深夜労働を行う場合は事前に所定の手続を経て所属長の許可を受けなければならない。

2　時間外及び休日労働について必要な事項は就業規則第○条の定めるところによる。

第12条（欠勤等）　在宅勤務者が、欠勤しまたは勤務時間中に私用のために勤務を一時中断する場合は、事前に申出を行い許可を得なくてはならない。ただし、やむを得ない事情で事前に申し出ることができなかった場合には、事後速やかに届け出るものとする。

第13条（就業場所）　就業場所は、原則として自宅とする。ただし別途指示があったとき、または業務の都合で自宅以外の場所が就業場所とする必要があるときは、所定の申請書を総務部に提出し許可を得ることによって、自宅以外の場所で業務を行うことができる。

第14条（労働時間の管理）　在宅勤務者は、業務遂行に専念するとともに、効率的な業務遂行、及び自らの労働時間を管理しなければならない。

2　在宅勤務者の労働時間の管理等につき不適切であると認めるときは、会社は、直ちに通常勤務への復帰を命ずることができるものとする。

第15条（報告）　在宅勤務者は勤務の開始及び終了について、メールもしくは電話により報告しなければならない。

2　在宅勤務者は、所定の「在宅勤務業務日報」を所属長に提出し、自己の業務の進捗状況等を会社に報告しなければならない。

第16条（出社命令） 会社は、業務上の必要が生じた場合は、在宅勤務者に出社を命ずることができる。

第17条（連絡体制） 在宅勤務時における連絡体制は次のとおりとする。

(1) 事故・トラブル発生時には所属長に連絡をすること。なお、所属長が不在の場合は所属長が指名した者に連絡すること。

(2) 情報通信機器に不具合が生じた場合には総務課に連絡すること。事後速やかに所属長に報告すること。

(3) 社内における従業員への緊急連絡事項が生じた場合には、所属長から連絡を行う。なお、確実に連絡がとれる方法をあらかじめ所属長に連絡しておくこと。

(4) 前各号以外の緊急連絡の必要が生じた場合は、前各号に準じて判断し対応すること。

第18条（情報の持出） 会社から業務に必要な資料や機材その他の情報を持ち出す場合には、所属長の許可を得た上で、厳重に管理しなければならない。

2 在宅勤務者は、会社の業務に関する情報や個人情報の漏洩防止措置を講じなければならず、情報管理を徹底しなければならない。

第19条（給与） 在宅勤務者の給与については、就業規則第○条の定めるところによる。

2 在宅勤務期間中の通勤交通費は支給しない。ただし、第16条の規定により出社した場合は通勤交通費を支給する。

第20条（費用の負担） 会社が貸与する情報通信機器を利用する場合の通信費は会社負担とする。

2 在宅勤務に伴って発生する水道光熱費の費用は在宅勤務者本人の負担とする。

3 前項にかかわらず、指示により自宅外勤務が生じた場合の交通費、その他会社が認めた費用については、会社負担とし、「在宅

勤務業務日報」で連絡の上、通常勤務への復帰時に精算するものとする。

第21条（情報通信機器） 会社は、在宅勤務者が業務に必要とするパソコンを貸与する。

2 会社は、在宅勤務者が所有する機器を利用させることができる。ただし、セキュリティガイドラインを満たした場合に限る。

第22条（教育・訓練） 会社は、在宅勤務者に対して、在宅勤務に必要な教育や訓練を行う。

2 在宅勤務者は、前項の教育や訓練を受けなければならない。

第23条（安全衛生） 会社は、在宅勤務者の安全衛生の確保及び改善を図るために必要な措置を講ずる。

2 在宅勤務者は、会社と協力して労働災害の防止に努めなければならない。

第24条（災害補償） 在宅勤務者が自宅での業務中に災害に遭ったときは、就業規則第○条の定めるところによる。

第25条（その他） 在宅勤務に関する事項について、本規定に定めのない事項については、就業規則の定めるところによる。

附　則

本規程は、令和○年○○月○○日より施行する。

6 テレワーク・在宅勤務と書式作成の仕方

書式10　在宅勤務許可申請書

　在宅勤務許可申請書は、在宅勤務を行う際に従業員から会社へ提出します。官公庁への届出はありません。おもな記載内容は、「希望する在宅勤務の期間」「在宅勤務場所」「在宅勤務を希望する理由」「緊急連絡先」などです。

書式11　作業環境等申告書

　在宅勤務では会社から離れて仕事をすることになります。通常勤務とは異なる在宅勤務特有の留意点を定め、会社が定めた申告書の項目（留意点）を満たしていない場合は、不許可とすることも必要になります。

書式12　在宅勤務許可書

　在宅勤務を許可する場合には、在宅勤務許可書を従業員へ渡します。後のトラブルを避けるため、始業・就業時刻、給与なども明示しておく方がよいでしょう。

書式13　個人端末業務利用規程

　在宅勤務で従業員が私有するパソコンなどを業務に使用する場合、パソコン内の業務データの紛失、情報漏洩のリスクが伴うため、利用時のルールを定めておく必要があります。個人端末の利用を認める場合でも、許可制とするのが一般的です。個人端末の利用状況の監査の実施や、規程に違反した場合の緊急措置の実施がある場合はその旨を記載します。

書式14　個人端末業務利用に関する誓約書

　個人端末を業務利用する場合の遵守すべき事項について誓約させることで、従業員のセキュリティ意識向上に役立ちます。誓約書は個人端末の許可申請の必須書類とします。

在宅勤務許可申請書

申請日：令和5年6月5日

株式会社○○
○○○○様

所属：経理部
氏名：○○○○　　㊞

　私は、在宅勤務規程第6条に基づき、在宅勤務を希望しますので、以下のとおり申請致します。

1　在宅勤務希望業務
　　経理の業務
2　勤務申請期間
　　令和5年7月1日　〜　令和5年7月31日
3　在宅勤務の頻度
　　毎日　　・　　希望の曜日　（　　曜日）　・
　　特定の日　（　　　　　　　　　　　　　　　　　）
4　勤務場所
　　自宅（東京都千代田区○○町○○−○）
5　在宅勤務を希望する理由
　　親の介護が必要なため
6　緊急連絡先　　090-1234-5678　（携帯電話）

作業環境等申告書

1　「在宅勤務規程」をすべて読み、理解しましたか？

（　 はい 　・　　いいえ　）

2　個人端末を利用する場合は、「個人端末業務利用規程」をすべて読み、理解しましたか？また、「個人端末業務利用に関する誓約書」を提出しましたか？

（　 はい 　・　　いいえ　）

3　在宅勤務を行う環境は、別に定める「執務環境基準」を満たしていますか？

（　 はい 　・　　いいえ　）

4　同居人の理解を得ていますか？

（　 はい 　・　　いいえ　）

5　上司との話し合いはしていますか？

（　 はい 　・　　いいえ　）

6　同僚と話し合いをして協力と理解を得ていますか？

（　 はい 　・　　いいえ　）

7　前項1～6までで虚偽の申告があった場合は、就業規則に基づく懲戒処分の対象となることを理解していますか？

（　 はい 　・　　いいえ　）

令和5年6月5日

上記のとおり申告します。

所属：経理部

氏名：○○○○　㊞

在宅勤務許可書

令和5年6月12日

所属：経理部
氏名：○○○○様

株式会社○○
○○○○

　先に申請されました在宅勤務について、下記の通り許可します。

記

1　在宅勤務業務
　　経理の業務
2　在宅勤務期間（頻度）
　　令和5年7月1日〜令和5年7月31日（毎日）
3　勤務場所
　　自宅（東京都千代田区○○町○○―○）
4　始業・就業の時刻
　　在宅勤務規程による
5　給　　与
　　基本給：○○○○○円　　資格手当：○○○○円
　　通勤手当：支給しない
6　その他
　　在宅勤務規程による

以上

書式13　個人端末業務利用規程

個人端末業務利用規程

第1条（目的）　本規定は、従業員が私有する情報機器の業務利用による情報漏洩、紛失、盗難、外部侵入を防ぐための遵守事項などを定め、業務効率の向上および情報セキュリティの維持・向上を図ることを目的とする。

第2条（対象）　本規定は従業員および役員（以下、従業員等）に適用する。

第3条（定義）　個人端末とは、従業員等が私有するパソコン、タブレット、スマートフォンなどの情報通信機器もしくは会社が判断した機器をいう。

第4条（利用許可等）　利用許可を得た従業員等に限り、会社の業務に個人端末を使用することができる。なお、使用の範囲は会社が認めた範囲とする。

2　従業員等は個人端末の利用を希望する場合、利用許可申請書を提出し、会社の許可を受けなければならない。

3　会社は、第1項の使用の範囲内で、機能の制限、設定の変更、個人端末内の情報の削除を指示することができる。

4　利用する個人端末を追加、変更する場合にも、利用許可申請書を提出し、新たに会社の許可を受けなければならない。

5　会社は、従業員等の利用状況が不適切であると判断した時は、いつでも第2項および第4項の許可を取り消すことができる。

6　許可期間の経過または許可の取消により利用許可の効力を失ったときは、従業員等は、個人端末に登録されている業務に係るすべての情報の消去をしなければならない。

第5条（遵守事項）　従業員等は、本規定および個人端末業務利用に関する誓約書の内容を遵守するものとする。

2　従業員等は、会社が実施する個人端末の利用に係る教育・研修を受講しなければならない。

3　従業員等が退職などで個人端末を利用する必要がなくなった場合、個人端末に登録されている業務に係るすべての情報を消去しなければならない。

4　個人端末には、会社が禁止するソフトウェア・アプリケーションをインストールしてはならない。

5　個人端末の紛失、盗難に逢わないよう適切に所有しなければならない。

6　外部から覗き見による情報漏洩に配慮しなければならない。

7　個人端末を家族や友人、第三者に使用させてはならない。

第6条（費用）　会社は、従業員等が私有する個人端末の通信費用、保守費用等を一切負担しない。ただし、業務上認められた場合は、会社が費用を負担する。

第7条（善管注意義務）　従業員等は、個人情報保護、不正競争防止、情報管理における一般的な知識のもと法律を遵守し、善良なる管理者の注意義務をもって個人端末を管理・運用しなければならない。

2　従業員等は、個人端末の管理、運用にあたり、業務で利用する情報とプライベートで利用する情報を明確に分けて管理、運用しなければならない。

3　従業員等は、私有する個人端末が紛失もしくは盗難に遭った場合、またはコンピュータウイルスに感染し、もしくはそのおそれがあると判断した場合には、直ちに上司に報告し、適切な措置を講じなければならない。

第8条（監査）　従業員等は、会社が実施する個人端末の利用状況に係る監査を受けなければならない。

2 従業員等は、前項の監査の実施に協力しなければならない。

3 監査の結果、不適切な利用があった場合には、会社は個人端末の利用許可を取り消すことができる。

第9条（緊急措置） 従業員等がこの規定に違反し、もしくはそのおそれがあると判断された場合、直ちに個人端末の利用を中止し、上司に報告するとともに、個人端末のデータ等の削除など適切な処置を講じなければならない。

2 従業員等が前項の処置を速やかに行わない場合、もしくは困難な場合には、会社は強制的にデータ等の削除などの措置を行える権限を有するものとする。

3 第1項のデータ等の削除には、個人端末に保存された私有の個人情報などが含まれる場合がある。なお、これにより発生した損害について、会社は一切の責任を負わないものとする。

第10条（懲戒） 以下の事項に該当した場合、就業規則に基づく懲戒処分の対象となる。

(1) この規定に違反し、または規程違反の事実の隠蔽、秘匿および虚偽の報告を行った場合

(2) 利用許可を受けずに個人端末を利用した場合

(3) 会社のデータ等の流出等のおそれがあるにもかかわらず、前条の緊急措置を講じなかった場合

第11条（損害賠償） 従業員等がこの規程に違反し、会社に損害を与えた場合、会社より損害賠償を受けることがある。

第12条（その他） この規程の解釈または運用上の疑義が生じた場合には、総務部長が決定する。

附　則　本規程は、令和○年○○月○○日より施行する。

個人端末業務利用に関する誓約書

株式会社○○○　御中

　私は、個人端末の業務利用について以下のことを誓約します。

1　個人端末の業務利用にあたっては、会社が認めた使用範囲に限定し、会社の定める諸規程を遵守します。

2　業務以外の目的で、個人端末を利用して業務上の情報にアクセスしないことを誓約します。

3　不正な利用防止やコンピュータウイルス被害防止などを図るため、会社が行う個人端末の利用状況の収集に合意します。また、設定変更、機能制限、データ削除を会社が行うことに同意します。

4　紛失、盗難、ウイルスの感染、情報の漏洩または漏洩の可能性がある場合、会社情報の保管の有無を直ちに届け出るとともに必要な措置を実施することに同意します。

5　セキュリティの維持・向上のため、個人端末のOS、アプリケーションを改造しないことに同意します。

6　コンピュータウイルスの侵入を防ぐため、許可されたアプリケーション以外をダウンロードしないことに同意します。

7　個人端末の利用終了に際しては、会社情報の削除を実施することに同意します。

令和○年○月○日

所属：経理部

氏名：○○○○

第4章

就業規則に関連する
その他の社内規程

1 私傷病休職規程

▶ 休職とは

業務外の傷病により労働者が働けなくなった際に一定期間休職することを許し、一定期間内に回復しなければ労働者を退職・解雇するという制度です。私傷病休職制度があるのに制度を利用させずに解雇したような場合には、解雇権の濫用として解雇自体が無効になる可能性が高いといえます（客観的に回復の見込みがない場合には、解雇権の濫用には該当せず、適法な解雇であると考えられています）。

書式1　私傷病休職取扱規程

私傷病休職制度を設ける目的は、労働者に傷病の治療の機会を与え、労働者が職を失わないようにするという点にあります。具体的には以下の規定を定める必要があります。

・復職に際しては医師の診断書が必要である
・復職の可否については最終的には会社が判断する

労働者ができるだけ早期の復職を望むことがありますが、充分に回復していないにもかかわらず労働者を復職させることは適切ではないため、医師の診断書を提出してもらうようにします。ただし、労働者の主治医の判断だけでは、復職の可否の判断が難しい場合もあるため、会社の指定する医療機関などで診察を受けることを求めることができる制度にしておくとよいでしょう。人事管理権を有する企業側が最終的な復職の可否を判断することも明記しておきます。メンタル疾患による休職の場合、復職する際のハードルは従業員にとってとくに高く感じるため、医師による判断、従業員の意思を尊重し、復職に向けて少しずつ慣らしていくためにリハビリ出勤の制度も有効です。また、復職した従業員が勤務を継続できるように環境を整えておく必要があります。

私傷病休職取扱規程

第1条（目　的）　本規程は、「就業規則」第○条（休職）のうち、私傷病により休職しようとする従業員につき、休職が認められる要件ならびに手続上の遵守事項等につき必要な事項を定めるものである。

2　本規程に定めのない事項につき個別の雇用契約に定めがある場合には、その定めるところによる。

第2条（本規程の適用範囲）　本規程の適用対象は、私傷病を原因とする欠勤が1か月に及び、休職を必要とする従業員とする。

第3条（休職者）　従業員が業務外の傷病により欠勤し、1か月を経過しても治らない場合、会社は従業員からの申請に基づき休職を命じることができる。ただし、本規程第6条（休職期間）に定める休職期間中に治癒（回復）の見込みがないと認める場合、会社は休職を命じないことがある。

第4条（休職の要否判断）　会社は前条における休職の要否を判断するにあたり、従業員からその健康状態を記した診断書の提出を受ける他、会社の指定する産業医もしくは専門医の意見を聴き、これらの意見に基づき要否の判断を行うものとする。

2　休職制度の適用を希望する者は、前項の判断を行うにあたり会社が必要と認める場合、会社に対して主治医宛の医療情報開示同意書を提出するものとする。

第5条（休職発令時の調査）　従業員は、会社が前条の検討を行う目的で、その主治医、家族等の関係者から必要な意見聴取等を行おうとする場合には、会社がこれらの者と連絡をとることに同意する等、必要な協力をしなければならない。

2　従業員が、前項で定める必要な協力に応じない場合、会社は

休職を発令しない。

第6条（休職期間）　会社が本規程に基づき従業員を休職させる場合、休職期間は以下のとおりとする。

勤続年数が3年未満	なし
勤続年数が3年以上10年未満	3か月
勤続年数が10年以上	6か月

2　復職後、同一又は類似の事由による休職の中断期間が3か月未満の場合は前後の休職期間を通算し、連続しているものとみなす。また、症状再発の場合は、再発後の期間を休職期間に通算する。休職期間が満了しても休職事由が消滅しない場合には、休職期間が満了する日の翌日をもって退職とする。

第7条（休職期間中の待遇、報告義務等）　休職期間中の賃金は無給とする。

2　休職期間は、退職金の算定期間における勤続期間に通算しないものとする。ただし、年次有給休暇の付与に関する勤続期間については通算するものとする。

3　休職期間中の健康保険料（介護保険料を含む）、厚生年金保険料、住民税等であって従業員の負担分については、指定期限までに会社に支払わなければならない。

4　本規程に基づき休職する従業員は、休職期間中主治医の診断に従い療養回復に努めるとともに、原則として毎月、治療の状況、休職の必要性等について、これを証する診断書等を添えて会社に報告しなければならない。

5　診断書作成費用等は、会社による別段の指示がない限り、従業員本人の負担とする。本規程第3条（休職者）の休職申請ならびに次条以降の復職申請においても同様とする。

第8条（復　職）　会社は休職中の従業員の申請に基づき、休職事由が消滅したと認められた場合には、当該従業員を旧職務に復帰

させることとする。ただし、やむを得ない事情がある場合には、旧職務と異なる職務に配置することがある。

2　復職後の職務内容、労働条件その他待遇等に関しては、休職の直前を基準とする。ただし、回復の状態により、復職時に休職前と同程度の質・量・密度、責任の度合いの業務に服することが不可能で、業務の軽減等の措置をとる場合には、その状況に応じた降格・賃金の減額等の調整をなすことがある。

第9条（復職申請と調査）　本制度により休職した従業員が復職しようとする場合、所定の復職申請書と医師の診断書を提出しなければならない。

2　前項に基づく復職申請があった場合、会社は復職の可否を判断するため、必要に応じ、従業員に対し主治医宛の医療情報開示同意書の提出を求め、または会社の指定する医療機関での受診を命じることができる。

第10条（復職の判定）　会社は前条の調査により得られた情報をもとに専門医から意見を聴き、復職の可否および復職時の業務軽減措置等の要否・内容について決定するものとする。

第11条（欠勤期間の中断）　欠勤中の従業員が出勤を開始する場合、連続6勤務日以上の正常勤務（正常勤務とは1日の勤務時間が7時間以上をいう）をしない場合は欠勤期間は中断されないものとし、正常出勤期間を除き前後を通算する。

第12条（リハビリ出勤制度）　会社は、指定する医師の判断により休職中の従業員に対しリハビリ勤務を認めることが復職可否の判断に有益と認められる場合、休職者の申請に基づき、リハビリ出勤を認めることがある。

2　前項のリハビリ出勤は、復職可否の判定のために上記医師の指示の下に試行されるものとし、休職期間に通算する。

第13条（リハビリ出勤中の賃金等）　前条に定めるリハビリ出勤中

の賃金については、休職前の賃金によらず、その就労実態に応じて無給ないし時間給とし、その都度会社の定めるところによる。

第14条（復職後の責務等） 復職した従業員は、職場復帰後も、健康回復の状態、仕事の状況、職場の人間関係等について、所属長、健康管理スタッフ等に必要な報告を怠ってはならない。

2 復職した従業員は、復職後も治療を続ける場合は、服薬等について主治医の指示に従い、回復に努めるものとする。

附　則
　1　この規程は、令和〇年〇月〇日に制定し、同日実施する。
　2　この規程を制定・改廃する場合は、従業員の過半数代表者の意見を聴いて行う。

（制定・改廃記録）
　制定　　令和〇年〇月〇日

2 育児・介護休業に関する規程

▶ 就業規則、育児・介護休業規程の規定の見直し

　労働基準法では、就業規則の記載事項について定めており、就業規則に必ず明記しなければならない事項を絶対的必要記載事項といいます。たとえば、始業・終業の時刻、休憩時間、休日、休暇、交替勤務の要領といった事項が絶対的必要記載事項とされています。そして、育児・介護休業や介護休暇、子の看護休暇は「休暇」に関する事項に該当することから、就業規則に必ず記載しなければなりません。したがって、育児・介護休業法やその他の法令の改正によって制度が変更された場合には、就業規則の内容も必ず見直す必要があるのです。

　もっとも、就業規則にすべての事項について規定を置くと、いざ規則集として扱う際に細かい規定が多くなり、不便な面もありますから、多くの会社では、賃金については賃金規程、退職金については退職金規程というように切り分け、就業規則本体はシンプルになるように構成しています。育児や介護に関する規定を就業規則本体ではなく、育児・介護休業規程として別に定めるときは、育児休業や介護休業を取得できる対象者、取得日数、取得の手続き、給与や年次有給休暇の取扱いなどの事項を、育児・介護休業規程（207ページの書式）に定めます。そして、育児や介護に関する制度に変更があれば、育児・介護休業規程中の規定を変更することになります。

　なお、別規程は就業規則本体とは別に作成されますが、あくまでも便宜上のことです。作成後の労働基準監督署への届出の際は就業規則本体と別規程を一緒に提出しなければなりませんし、別規程の一部を変更する際も就業規則の変更として届出をしなければなりません。

　育児・介護休業の他、子の看護休暇、育児・介護のための所定外労働・時間外労働・深夜業の制限、育児・介護短時間勤務などについて記載します。あらかじめ各事業所で各制度を導入するとともに、就業規則（育児・介護休業規程）に記載します。要件を満たす労働者が適正に申し出ることにより、休業や休暇などの法的効果が生じます。

　その他、育児・介護休業を取得しやすい環境整備のための相談窓口の設置、研修の実施などを規定します。また、労働者または配偶者が妊娠・出産したことの申出があったときに制度を個別に周知し、取得の意向確認をすることも規定します。

　育児・介護休業、子の看護休暇、介護休暇については、「休暇」に関連する事項として、付与要件（対象従業員）、取得手続き、取得期間などを定める必要があります。また、「賃金」に関連する事項として、休業や休暇の期間中の賃金の支払いの有無、通常の就労時と異なる賃金が支払われる場合には、その計算方法や支払方法、支払時期について記載します。

　所定外労働等の制限や短時間勤務などについては、始業・終業の時刻などについて記載します。そして、育児・介護休業中の賞与、退職手当、教育訓練などについては、これらの制度を設けている場合に就業規則への記載が必要です（相対的必要記載事項）。

　育児・介護休業法の定める基準を上回る制度を設けることは事業主の自由であり、むしろそのような努力が求められています。反対に、基準を下回る制度を設けることは許されず、その部分は無効と解されています。したがって、無効にならない育児・介護休業規程を設けるには、厚生労働省が公表している「育児・介護休業等に関する規則の規定例」を参照するとよいでしょう。次ページ以降の書式も、この規定例を参照して作成しています。

書式2　育児・介護休業規程

育児介護休業規程

第1条（目的）　本規程は、従業員の育児・介護休業（出生時育児休業含む。以下同じ）、子の看護休暇、介護休暇、育児・介護のための所定外労働、時間外労働及び深夜業の制限並びに育児・介護短時間勤務等に関する取扱いについて定めるものである。

第2条（育児休業の対象者）　育児のために休業することを希望する従業員（日雇従業員を除く）であって、1歳に満たない子と同居し、養育する者は、本規程に定めるところにより育児休業をすることができる。ただし、有期契約従業員にあっては、申出時点において、子が1歳6か月（本条第6項又は第7項の申出にあっては2歳）に達する日までに労働契約期間が満了し、更新されないことが明らかでない者に限り育児休業をすることができる。

2　本条第1項、第3項から第7項にかかわらず、労使協定により除外された次の従業員からの休業の申出は拒むことができる。

一　入社1年未満の従業員

二　申出の日から1年（本条第4項から第7項の申出にあっては6か月）以内に雇用関係が終了することが明らかな従業員

三　1週間の所定労働日数が2日以下の従業員

3　配偶者が従業員と同じ日から又は従業員より先に育児休業又は出生時育児休業をしている場合、従業員は、子が1歳2か月に達するまでの間で、出生日以後の産前・産後休業期間、育児休業期間及び出生時育児休業期間との合計が1年を限度として、育児休業をすることができる。

4　次のいずれにも該当する従業員は、子が1歳6か月に達するまでの間で必要な日数について育児休業をすることができる。なお、育児休業を開始しようとする日は、原則として子の1歳

の誕生日に限るものとする。ただし、配偶者が育児・介護休業法第5条第3項（本項）に基づく休業を子の1歳の誕生日から開始する場合は、配偶者の育児休業終了予定日の翌日以前の日を開始日とすることができる。

　イ　従業員又は配偶者が原則として子の1歳の誕生日の前日に育児休業をしていること

　ロ　次のいずれかの事情があること

　　ア　保育所等に入所を希望しているが、入所できない場合

　　イ　従業員の配偶者であって育児休業の対象となる子の親であり、1歳以降育児に当たる予定であった者が、死亡、負傷、疾病等の事情により子を養育することが困難になった場合

　ハ　子の1歳の誕生日以降に本項の休業をしたことがないこと

5　前項にかかわらず、産前・産後休業、出生時育児休業、介護休業又は新たな育児休業が始まったことにより本条第1項又は第4項に基づく休業（配偶者の死亡等特別な事情による3回目以降の休業を含む）が終了し、終了事由である産前・産後休業等に係る子又は介護休業に係る対象家族が死亡等した従業員は、子が1歳6か月に達するまでの間で必要な日数について育児休業をすることができる。

6　次のいずれにも該当する従業員は、子が2歳に達するまでの間で必要な日数について育児休業をすることができる。なお、育児休業を開始しようとする日は、原則として子の1歳6か月の誕生日応当日に限るものとする。ただし、配偶者が育児・介護休業法第5条第4項（本項）に基づく休業を子の1歳6か月の誕生日応当日から開始する場合は、配偶者の育児休業終了予定日の翌日以前の日を開始日とすることができる。

　イ　従業員又は配偶者が子の1歳6か月の誕生日応当日の前日に育児休業をしていること

　　ロ　次のいずれかの事情があること

　　　ア　保育所等に入所を希望しているが、入所できない場合

　　　イ　従業員の配偶者であって育児休業の対象となる子の親であ
り、1歳6か月以降育児に当たる予定であった者が、死亡、負
傷、疾病等の事情により子を養育することが困難になった場合

　　ハ　子の1歳6か月の誕生日応当日以降に本項の休業をしたこと
がないこと

7　前項にかかわらず、産前・産後休業、出生時育児休業、介護休
業又は新たな育児休業が始まったことにより本条第1項、第4項、
第5項又は第6項に基づく育児休業（再度の休業を含む）が終了
し、終了事由である産前・産後休業等に係る子又は介護休業に係
る対象家族が死亡等した従業員は、子が2歳に達するまでの間で
必要な日数について育児休業をすることができる。

第3条（育児休業の申出の手続等）　育児休業をすることを希望す
る従業員は、原則として育児休業を開始しようとする日（以下
「育児休業開始予定日」という）の1か月前（第2条第4項から
第7項に基づく1歳及び1歳6か月を超える休業の場合は、2週
間前）までに育児休業申出書を人事部労務課に提出することによ
り申し出るものとする。なお、育児休業中の有期契約従業員が労
働契約を更新するにあたり、引き続き休業を希望する場合には、
更新された労働契約期間の初日を育児休業開始予定日として、育
児休業申出書により再度の申出を行うものとする。

2　第2条第1項に基づく休業の申出は、次のいずれかに該当する
場合を除き、一子につき2回までとする。

　(1)　第2条第1項に基づく休業をした者が本条第1項後段の申出
をしようとする場合

　(2)　配偶者の死亡等特別の事情がある場合

3　第2条第4項に基づく休業の申出は、次のいずれかに該当する

場合を除き、一子につき1回限りとする。

⑴　第2条第4項又は第5項に基づく休業をした者が本条第1項後段の申出をしようとする場合

⑵　産前・産後休業、出生時育児休業、介護休業又は新たな育児休業が始まったことにより第2条第4項又は第5項に基づく育児休業が終了したが、終了事由である産前・産後休業等に係る子又は介護休業に係る対象家族が死亡等した場合

4　第2条第6項に基づく休業の申出は、次のいずれかに該当する場合を除き、一子につき1回限りとする。

⑴　第2条第6項又は第7項に基づく休業をした者が本条第1項後段の申出をしようとする場合

⑵　産前・産後休業、出生時育児休業、介護休業又は新たな育児休業が始まったことにより第2条第1項、第4項、第5項、第6項又は第7項に基づく育児休業が終了したが、終了事由である産前・産後休業等に係る子又は介護休業に係る対象家族が死亡等した場合

5　会社は、育児休業申出書を受け取るにあたり、必要最小限度の各種証明書の提出を求めることがある。

6　育児休業申出書が提出されたときは、会社は速やかに当該育児休業申出書を提出した者（以下この章において「育休申出者」という）に対し、育児休業取扱通知書を交付する。

7　申出の日後に申出に係る子が出生したときは、育休申出者は、出生後2週間以内に人事部労務課に育児休業対象児出生届を提出しなければならない。

第4条（育児休業の申出の撤回等）　育休申出者は、育児休業開始予定日の前日までは、育児休業申出撤回届を人事部労務課に提出することにより、育児休業の申出を撤回することができる。

2　育児休業申出撤回届が提出されたときは、会社は速やかに当該

育児休業申出撤回届を提出した者に対し、育児休業取扱通知書を交付する。

3　第2条第1項に基づく休業の申出の撤回は、撤回1回につき1回休業したものとみなす。第2条第4項又は第5項及び第6項又は第7項に基づく休業の申出を撤回した者は、特別の事情がない限り同一の子については再度申出をすることができない。ただし、第2条第1項に基づく休業の申出を撤回した者であっても、同条第4項又は第5項及び第6項又は第7項に基づく休業の申出をすることができ、第2条第4項又は第5項に基づく休業の申出を撤回した者であっても、同条第6項又は第7項に基づく休業の申出をすることができる。

4　育児休業開始予定日の前日までに、子の死亡等により育休申出者が休業申出に係る子を養育しないこととなった場合には、育児休業の申出はされなかったものとみなす。この場合において、育休申出者は、原則として当該事由が発生した日に、人事部労務課にその旨を通知しなければならない。

第5条（育児休業の期間等）　育児休業の期間は、原則として、子が1歳に達するまで（第2条第3項から第7項に基づく休業の場合は、それぞれ定められた時期まで）を限度として育児休業申出書に記載された期間とする。

2　本条第1項にかかわらず、会社は、育児・介護休業法の定めるところにより育児休業開始予定日の指定を行うことができる。

3　従業員は、育児休業期間変更申出書により人事部労務課に、育児休業開始予定日の1週間前までに申し出ることにより、育児休業開始予定日の繰上げ変更を、また、育児休業を終了しようとする日（以下「育児休業終了予定日」という）の1か月前（第2条第4項から第7項に基づく休業をしている場合は、2週間前）までに申し出ることにより、育児休業終了予定日の繰下げ変更を行うことができる。

育児休業開始予定日の繰上げ変更及び育児休業終了予定日の繰下げ変更とも、原則として第2条第1項に基づく休業1回につき1回に限り行うことができるが、第2条第4項から第7項に基づく休業の場合には、第2条第1項に基づく休業とは別に、子が1歳から1歳6か月に達するまで及び1歳6か月から2歳に達するまでの期間内で、それぞれ1回、育児休業終了予定日の繰下げ変更を行うことができる。

4　育児休業期間変更申出書が提出されたときは、会社は速やかに当該育児休業期間変更申出書を提出した者に対し、育児休業取扱通知書を交付する。

5　次の各号に掲げるいずれかの事由が生じた場合には、育児休業は終了するものとし、当該育児休業の終了日は当該各号に掲げる日とする。

⑴　子の死亡等育児休業に係る子を養育しないこととなった場合　当該事由が発生した日（なお、この場合において本人が出勤する日は、事由発生の日から2週間以内であって、会社と本人が話し合いの上決定した日とする）

⑵　育児休業に係る子が1歳に達した場合等　子が1歳に達した日（第2条第3項に基づく休業の場合を除く。第2条第4項又は第5項に基づく休業の場合は、子が1歳6か月に達した日。第2条第6項又は第7項に基づく休業の場合は、子が2歳に達した日）

⑶　育休申出者について、産前・産後休業、出生時育児休業、介護休業又は新たな育児休業期間が始まった場合　産前・産後休業、出生時育児休業、介護休業又は新たな育児休業の開始日の前日

⑷　第2条第3項に基づく休業において、出生日以後の産前・産後休業期間と育児休業（出生時育児休業含む）期間との合計が1年に達した場合　当該1年に達した日

6　本条第5項第1号の事由が生じた場合には、育休申出者は原則

として当該事由が生じた日に人事部労務課にその旨を通知しなければならない。

第6条（出生時育児休業の対象者）　育児のために休業することを希望する従業員（日雇従業員を除く）であって、産後休業をしておらず、子の出生日又は出産予定日のいずれか遅い方から8週間以内の子と同居し、養育する者は、本規程に定めるところにより出生時育児休業をすることができる。ただし、有期契約従業員にあっては、申出時点において、子の出生日又は出産予定日のいずれか遅い方から8週間を経過する日の翌日から6か月を経過する日までに労働契約期間が満了し、更新されないことが明らかでない者に限り、出生時育児休業をすることができる。

2　前項にかかわらず、労使協定により除外された次の従業員からの休業の申出は拒むことができる。

一　入社1年未満の従業員

二　申出の日から8週間以内に雇用関係が終了することが明らかな従業員

三　1週間の所定労働日数が2日以下の従業員

第7条（出生時育児休業の申出の手続等）　出生時育児休業をすることを希望する従業員は、原則として出生時育児休業を開始しようとする日（以下「出生時育児休業開始予定日」という）の2週間前までに出生時育児休業申出書を人事部労務課に提出することにより申し出るものとする。なお、出生時育児休業中の有期契約従業員が労働契約を更新するにあたり、引き続き休業を希望する場合には、更新された労働契約期間の初日を出生時育児休業開始予定日として、出生時育児休業申出書により再度の申出を行うものとする。

2　第6条第1項に基づく休業の申出は、一子につき2回まで分割できる。ただし、2回に分割する場合は2回分まとめて申し出ることとし、まとめて申し出なかった場合は後の申出を拒む場合がある。

3　会社は、出生時育児休業申出書を受け取るにあたり、必要最小限度の各種証明書の提出を求めることがある。

4　出生時育児休業申出書が提出されたときは、会社は速やかに当該出生時育児休業申出書を提出した者（以下この章において「出生時育休申出者」という）に対し、出生時育児休業取扱通知書を交付する。

5　申出の日後に申出に係る子が出生したときは、出生時育休申出者は、出生後2週間以内に人事部労務課に出生時育児休業対象児出生届を提出しなければならない。

第8条（出生時育児休業の申出の撤回等）　出生時育休申出者は、出生時育児休業開始予定日の前日までは、出生時育児休業申出撤回届を人事部労務課に提出することにより、出生時育児休業の申出を撤回することができる。

2　出生時育児休業申出撤回届が提出されたときは、会社は速やかに当該出生時育児休業申出撤回届を提出した者に対し、出生時育児休業取扱通知書を交付する。

3　第6条第1項に基づく休業の申出の撤回は、撤回1回につき1回休業したものとみなし、みなしを含め2回休業した場合は同一の子について再度申出をすることができない。

4　出生時育児休業開始予定日の前日までに、子の死亡等により出生時育休申出者が休業申出に係る子を養育しないこととなった場合には、出生時育児休業の申出はされなかったものとみなす。この場合において、出生時育休申出者は、原則として当該事由が発生した日に、人事部労務課にその旨を通知しなければならない。

第9条（出生時育児休業の期間等）　出生時育児休業の期間は、原則として、子の出生後8週間以内のうち4週間（28日）を限度として出生時育児休業申出書に記載された期間とする。

2　本条第1項にかかわらず、会社は、育児・介護休業法の定める

ところにより出生時育児休業開始予定日の指定を行うことができる。

3　従業員は、出生時育児休業期間変更申出書により人事部労務課
に、出生時育児休業開始予定日の1週間前までに申し出ること
により、出生時育児休業開始予定日の繰上げ変更を休業1回につき
1回、また、出生時育児休業を終了しようとする日（以下「出生
時育児休業終了予定日」という）の2週間前までに申し出ること
により、出生時育児休業終了予定日の繰下げ変更を休業1回につ
き1回行うことができる。

4　出生時育児休業期間変更申出書が提出されたときは、会社は速
やかに当該出生時育児休業期間変更申出書を提出した者に対し、
出生時育児休業取扱通知書を交付する。

5　次の各号に掲げるいずれかの事由が生じた場合には、出生時育
児休業は終了するものとし、当該出生時育児休業の終了日は当該
各号に掲げる日とする。

　⑴　子の死亡等出生時育児休業に係る子を養育しないこととなっ
た場合　当該事由が発生した日（なお、この場合において本人
が出勤する日は、事由発生の日から2週間以内であって、会社
と本人が話し合いの上決定した日とする）

　⑵　子の出生日の翌日又は出産予定日の翌日のいずれか遅い方か
ら8週間を経過した場合　子の出生日の翌日又は出産予定日の
翌日のいずれか遅い方から8週間を経過した日

　⑶　子の出生日（出産予定日後に出生した場合は、出産予定日）
以後に出生時育児休業の日数が28日に達した場合　子の出生日
（出産予定日後に出生した場合は、出産予定日）以後に出生時
育児休業の日数が28日に達した日

　⑷　出生時育休申出者について、産前・産後休業、育児休業、介
護休業又は新たな出生時育児休業期間が始まった場合　産前・
産後休業、育児休業、介護休業又は新たな出生時育児休業の開

始日の前日

6　本条第５項第１号の事由が生じた場合には、出生時育休申出者は原則として当該事由が生じた日に人事部労務課にその旨を通知しなければならない。

第９条の２（出生時育児休業中の就業）　出生時育児休業中に就業することを希望する従業員は、出生時育児休業中の就業可能日等申出書を休業開始予定日の１週間前までに人事部労務課に提出すること。なお、１週間を切っても休業前日までは提出を受け付ける。

2　会社は、前項の申出があった場合は、申出の範囲内の就業日等を申出書を提出した従業員に対して提示する。就業日がない場合もその旨通知する。従業員は提示された就業日等について、出生時育児休業中の就業日等の同意・不同意書を人事部労務課に提出すること。休業前日までに同意した場合に限り、休業中に就業することができる。会社と従業員の双方が就業日等に合意したときは、会社は速やかに出生時育児休業中の就業日等通知書を交付する。

3　出生時育児休業中の就業上限は、次のとおりとする。

　一　就業日数の合計は、出生時育児休業期間の所定労働日数の半分以下（一日未満の端数切り捨て）

　二　就業日の労働時間の合計は、出生時育児休業期間の所定労働時間の合計の半分以下

　三　出生時育児休業開始予定日又は出生時育児休業終了予定日に就業する場合は、当該日の所定労働時間数に満たない時間

4　本条第１項の申出を変更する場合は出生時育児休業中の就業可能日等変更申出書を、撤回する場合は出生時育児休業中の就業可能日等申出撤回届を休業前日までに人事部労務課に提出すること。就業可能日等申出撤回届が提出された場合は、会社は速やかに申出が撤回されたことを通知する。

5　本条第２項で同意した就業日等を全部又は一部撤回する場合は、

出生時育児休業中の就業日等撤回届を休業前日までに人事部労務課に提出すること。出生時育児休業開始後は、次に該当する場合に限り、同意した就業日等の全部又は一部を撤回することができる。出生時育児休業中の就業日等撤回届が提出されたときは、会社は速やかに出生時育児休業中の就業日等通知書を交付する。

一　出生時育児休業申出に係る子の親である配偶者の死亡

二　配偶者が負傷、疾病又は身体上若しくは精神上の障害その他これらに準ずる心身の状況により出生時育児休業申出に係る子を養育することが困難な状態になったこと

三　婚姻の解消その他の事情により配偶者が出生時育児休業申出に係る子と同居しないこととなったこと

四　出生時育児休業申出に係る子が負傷、疾病又は身体上若しくは精神上の障害その他これらに準ずる心身の状況により、2週間以上の期間にわたり世話を必要とする状態になったとき

第10条（介護休業の対象者）　要介護状態にある家族を介護する従業員（日雇従業員を除く）は、本規程に定めるところにより介護休業をすることができる。ただし、有期契約従業員にあっては、申出時点において、介護休業を開始しようとする日（以下、「介護休業開始予定日」という）から93日経過日から6か月を経過する日までに労働契約期間が満了し、更新されないことが明らかでない者に限り介護休業をすることができる。

2　本条第1項にかかわらず、労使協定により除外された次の従業員からの休業の申出は拒むことができる。

一　入社1年未満の従業員

二　申出の日から93日以内に雇用関係が終了することが明らかな従業員

三　1週間の所定労働日数が2日以下の従業員

3　この要介護状態にある家族とは、負傷、疾病又は身体上若しく

は精神上の障害により、2週間以上の期間にわたり常時介護を必要とする状態にある次の者をいう。

(1) 配偶者

(2) 父母

(3) 子

(4) 配偶者の父母

(5) 祖父母、兄弟姉妹又は孫

(6) 上記以外の家族で会社が認めた者

第11条（介護休業の申出の手続等） 介護休業をすることを希望する従業員は、原則として介護休業開始予定日の2週間前までに、介護休業申出書を人事部労務課に提出することにより申し出るものとする。なお、介護休業中の有期契約従業員が労働契約を更新するにあたり、引き続き休業を希望する場合には、更新された労働契約期間の初日を介護休業開始予定日として、介護休業申出書により再度の申出を行うものとする。

2 申出は、対象家族1人につき3回までとする。ただし、本条第1項の後段の申出をしようとする場合にあっては、この限りでない。

3 会社は、介護休業申出書を受け取るにあたり、必要最小限度の各種証明書の提出を求めることがある。

4 介護休業申出書が提出されたときは、会社は速やかに当該介護休業申出書を提出した者（以下この章において「申出者」という）に対し、介護休業取扱通知書を交付する。

第12条（介護休業の申出の撤回等） 申出者は、介護休業開始予定日の前日までは、介護休業申出撤回届を人事部労務課に提出することにより、介護休業の申出を撤回することができる。

2 介護休業申出撤回届が提出されたときは、会社は速やかに当該介護休業申出撤回届を提出した者に対し、介護休業取扱通知書を交付する。

3 同一対象家族について2回連続して介護休業の申出を撤回した
者について、当該家族について再度の申出はすることができない。
ただし、会社がこれを適当と認めた場合には、申し出ることがで
きるものとする。

4 介護休業開始予定日の前日までに、申出に係る家族の死亡等に
より申出者が家族を介護しないこととなった場合には、介護休業
の申出はされなかったものとみなす。この場合において、申出者
は、原則として当該事由が発生した日に、人事部労務課にその旨
を通知しなければならない。

第13条（介護休業の期間等） 介護休業の期間は、対象家族1人に
つき、原則として、通算93日の範囲内で、介護休業申出書に記載
された期間とする。

2 本条第1項にかかわらず、会社は、育児・介護休業法の定める
ところにより介護休業開始予定日の指定を行うことができる。

3 従業員は、介護休業期間変更申出書により、介護休業を終了し
ようとする日（以下「介護休業終了予定日」という）の2週間前
までに人事部労務課に申し出ることにより、介護休業終了予定日
の繰下げ変更を行うことができる。

　この場合において、介護休業開始予定日から変更後の介護休業終
了予定日までの期間は通算93日の範囲を超えないことを原則とする。

4 介護休業期間変更申出書が提出されたときは、会社は速やかに
当該介護休業期間変更申出書を提出した者に対し、介護休業取扱
通知書を交付する。

5 次の各号に掲げるいずれかの事由が生じた場合には、介護休業
は終了するものとし、当該介護休業の終了日は当該各号に掲げる
日とする。

⑴ 家族の死亡等介護休業に係る家族を介護しないこととなった
場合　当該事由が発生した日（なお、この場合において本人が

出勤する日は、事由発生の日から２週間以内であって、会社と本人が話し合いの上決定した日とする）

⑵　申出者について、産前・産後休業、育児休業、出生時育児休業又は新たな介護休業が始まった場合　産前・産後休業、育児休業、出生時育児休業又は新たな介護休業の開始日の前日

6　本条第５項第１号の事由が生じた場合には、申出者は原則として当該事由が生じた日に人事部労務課にその旨を通知しなければならない。

第14条（子の看護休暇）　小学校就学の始期に達するまでの子を養育する従業員（日雇従業員を除く）は、負傷し、又は疾病にかかった当該子の世話をするために、又は当該子に予防接種や健康診断を受けさせるために、就業規則第○条に規定する年次有給休暇とは別に、当該子が１人の場合は１年間につき５日、２人以上の場合は１年間につき10日を限度として、子の看護休暇を取得することができる。この場合の１年間とは、４月１日から翌年３月31日までの期間とする。ただし、事業主は労使協定によって除外された次の従業員からの子の看護休暇の申出は拒むことができる。

一　入社６か月未満の従業員
二　１週間の所定労働日数が２日以下の従業員

2　子の看護休暇は、時間単位で始業時刻から連続又は終業時刻まで連続して取得することができる。

3　取得しようとする者は、原則として、子の看護休暇申出書を事前に人事部労務課に申し出るものとする。

4　本制度の適用を受ける間の給与については、別途定める賃金規程に基づく労務提供のなかった時間分に相当する額を控除した額を支給する。

5　賞与については、その算定対象期間に本制度の適用を受ける期間がある場合においては、労務提供のなかった時間に対応する賞

与は支給しない。

6　定期昇給及び退職金の算定にあたっては、本制度の適用を受ける期間を通常の勤務をしているものとみなす。

第15条（介護休暇）　要介護状態にある家族の介護その他の世話をする従業員（日雇従業員を除く）は、就業規則第〇条に規定する年次有給休暇とは別に、当該家族が1人の場合は1年間につき5日、2人以上の場合は1年間につき10日を限度として、介護休暇を取得することができる。この場合の1年間とは、4月1日から翌年3月31日までの期間とする。ただし、事業主は労使協定によって除外された次の従業員からの介護休暇の申出は拒むことができる。

一　入社6か月未満の従業員

二　1週間の所定労働日数が2日以下の従業員

2　介護休暇は、時間単位で始業時刻から連続又は終業時刻まで連続して取得することができる。

3　取得しようとする者は、原則として、介護休暇申出書を事前に人事部労務課に申し出るものとする。

4　本制度の適用を受ける間の給与については、別途定める賃金規程に基づく労務提供のなかった時間分に相当する額を控除した額を支給する。

5　賞与については、その算定対象期間に本制度の適用を受ける期間がある場合においては、労務提供のなかった時間に対応する賞与は支給しない。

6　定期昇給及び退職金の算定にあたっては、本制度の適用を受ける期間を通常の勤務をしているものとみなす。

第16条（育児・介護のための所定外労働の制限）　3歳に満たない子を養育する従業員（日雇従業員を除く）が当該子を養育するため、又は要介護状態にある家族を介護する従業員（日雇従業員を除く）が当該家族を介護するために請求した場合には、事業の正

常な運営に支障がある場合を除き、所定労働時間を超えて労働を
させることはない。

2　本条第1項にかかわらず、労使協定によって除外された次の従
業員からの所定外労働の制限の請求は拒むことができる。

⑴　入社1年未満の従業員

⑵　1週間の所定労働日数が2日以下の従業員

3　請求をしようとする者は、1回につき、1か月以上1年以内の
期間（以下この条において「制限期間」という）について、制限
を開始しようとする日（以下この条において「制限開始予定日」
という）及び制限を終了しようとする日を明らかにして、原則と
して、制限開始予定日の1か月前までに、育児・介護のための所
定外労働制限請求書を人事部労務課に提出するものとする。この
場合において、制限期間は、次条第3項に規定する制限期間と重
複しないようにしなければならない。

4　会社は、所定外労働制限請求書を受け取るにあたり、必要最小
限度の各種証明書の提出を求めることがある。

5　請求の日後に請求に係る子が出生したときは、所定外労働制限
請求書を提出した者（以下、この条において「請求者」という）
は、出生後2週間以内に人事部労務課に所定外労働制限対象児出
生届を提出しなければならない。

6　制限開始予定日の前日までに、請求に係る子又は家族の死亡等
により請求者が子を養育又は家族を介護しないこととなった場合
には、請求されなかったものとみなす。この場合において、請求
者は、原則として当該事由が発生した日に、人事部労務課にその
旨を通知しなければならない。

7　次の各号に掲げるいずれかの事由が生じた場合には、制限期間
は終了するものとし、当該制限期間の終了日は当該各号に掲げる
日とする。

⑴　子又は家族の死亡等制限に係る子を養育又は家族を介護しないこととなった場合　当該事由が発生した日

⑵　制限に係る子が３歳に達した場合　当該３歳に達した日

⑶　請求者について、産前・産後休業、育児休業、出生時育児休業又は介護休業が始まった場合　産前・産後休業、育児休業、出生時育児休業又は介護休業の開始日の前日

8　本条第７項第１号の事由が生じた場合には、請求者は原則として当該事由が生じた日に、人事部労務課にその旨を通知しなければならない。

第17条（育児・介護のための時間外労働の制限）　小学校就学の始期に達するまでの子を養育する従業員が当該子を養育するため又は要介護状態にある家族を介護する従業員が当該家族を介護するために請求した場合には、就業規則第○条の規定及び時間外労働に関する協定にかかわらず、事業の正常な運営に支障がある場合を除き、１か月について24時間、１年について150時間を超えて時間外労働をさせることはない。

2　本条第１項にかかわらず、次の一から三のいずれかに該当する従業員からの時間外労働の制限の請求は拒むことができる。

一　日雇従業員

二　入社１年未満の従業員

三　１週間の所定労働日数が２日以下の従業員

3　請求をしようとする者は、１回につき、１か月以上１年以内の期間（以下この条において「制限期間」という）について、制限を開始しようとする日（以下この条において「制限開始予定日」という）及び制限を終了しようとする日を明らかにして、原則として、制限開始予定日の１か月前までに、育児・介護のための時間外労働制限請求書を人事部労務課に提出するものとする。この場合において、制限期間は、前条第２項に規定する制限期間と

重複しないようにしなければならない。

4　会社は、時間外労働制限請求書を受け取るにあたり、必要最小限度の各種証明書の提出を求めることがある。

5　請求の日後に請求に係る子が出生したときは、時間外労働制限請求書を提出した者（以下この条において「請求者」という）は、出生後２週間以内に人事部労務課に時間外労働制限対象児出生届を提出しなければならない。

6　制限開始予定日の前日までに、請求に係る子又は家族の死亡等により請求者が子を養育又は家族を介護しないこととなった場合には、請求されなかったものとみなす。この場合において、請求者は、原則として当該事由が発生した日に、人事部労務課にその旨を通知しなければならない。

7　次の各号に掲げるいずれかの事由が生じた場合には、制限期間は終了するものとし、当該制限期間の終了日は当該各号に掲げる日とする。

　⑴　子又は家族の死亡等制限に係る子を養育又は家族を介護しないこととなった場合　当該事由が発生した日

　⑵　制限に係る子が小学校就学の始期に達した場合　子が６歳に達する日の属する年度の３月31日

　⑶　請求者について、産前・産後休業、育児休業、出生時育児休業又は介護休業が始まった場合　産前・産後休業、育児休業、出生時育児休業又は介護休業の開始日の前日

8　本条第７項第１号の事由が生じた場合には、請求者は原則として当該事由が生じた日に、人事部労務課にその旨を通知しなければならない。

第18条（育児・介護のための深夜業の制限）　小学校就学の始期に達するまでの子を養育する従業員が当該子を養育するため又は要介護状態にある家族を介護する従業員が当該家族を介護するため

に請求した場合には、就業規則第○条の規定にかかわらず、事業の正常な運営に支障がある場合を除き、午後10時から午前5時までの間（以下「深夜」という）に労働させることはない。

2　本条第1項にかかわらず、次のいずれかに該当する従業員からの深夜業の制限の請求は拒むことができる。

一　日雇従業員

二　入社1年未満の従業員

三　請求に係る家族の16歳以上の同居の家族が次のいずれにも該当する従業員

イ　深夜において就業していない者（1か月について深夜における就業が3日以下の者を含む）であること。

ロ　心身の状況が請求に係る子の保育又は家族の介護をすることができる者であること。

ハ　6週間（多胎妊娠の場合にあっては、14週間）以内に出産予定でなく、かつ産後8週間以内でない者であること。

四　1週間の所定労働日数が2日以下の従業員

五　所定労働時間の全部が深夜にある従業員

3　請求をしようとする者は、1回につき、1か月以上6か月以内の期間（以下この条において「制限期間」という）について、制限を開始しようとする日（以下この条において「制限開始予定日」という）及び制限を終了しようとする日を明らかにして、原則として、制限開始予定日の1か月前までに、育児・介護のための深夜業制限請求書を人事部労務課に提出するものとする。

4　会社は、深夜業制限請求書を受け取るにあたり、必要最小限度の各種証明書の提出を求めることがある。

5　請求の日後に請求に係る子が出生したときは、深夜業制限請求書を提出した者（以下この条において「請求者」という）は、出生後2週間以内に人事部労務課に深夜業制限対象児出生届を提出

しなければならない。

6　制限開始予定日の前日までに、請求に係る子又は家族の死亡等
により請求者が子を養育又は家族を介護しないこととなった場合
には、請求されなかったものとみなす。この場合において、請求
者は、原則として当該事由が発生した日に、人事部労務課にその
旨を通知しなければならない。

7　次の各号に掲げるいずれかの事由が生じた場合には、制限期間
は終了するものとし、当該制限期間の終了日は当該各号に掲げる
日とする。

　⑴　子又は家族の死亡等制限に係る子を養育又は家族を介護しな
　　いこととなった場合　当該事由が発生した日

　⑵　制限に係る子が小学校就学の始期に達した場合　子が6歳に
　　達する日の属する年度の3月31日

　⑶　請求者について、産前・産後休業、育児休業、出生時育児休
　　業又は介護休業が始まった場合　産前・産後休業、育児休業、
　　出生時育児休業又は介護休業の開始日の前日

8　本条第7項第1号の事由が生じた場合には、請求者は原則とし
て当該事由が生じた日に、人事部労務課にその旨を通知しなけれ
ばならない。

9　制限期間中の給与については、別途定める賃金規程に基づく労
務提供のなかった時間分に相当する額を控除した基本給と諸手当
の全額を支給する。

10　深夜業の制限を受ける従業員に対して、会社は必要に応じて
昼間勤務へ転換させることがある。

第19条（育児短時間勤務）　3歳に満たない子を養育する従業員は、
申し出ることにより、就業規則第○条の所定労働時間について、
以下のように変更することができる。

　所定労働時間を午前9時から午後4時まで（うち休憩時間は、

午前12時から午後１時までの１時間とする）の６時間とする（１歳に満たない子を育てる女性従業員は更に別途30分ずつ２回の育児時間を請求することができる）。

2　本条第１項にかかわらず、次のいずれかに該当する従業員からの育児短時間勤務の申出は拒むことができる。

一　日雇従業員

二　１日の所定労働時間が６時間以下である従業員

三　労使協定によって除外された次の従業員

ア　入社１年未満の従業員

イ　１週間の所定労働日数が２日以下の従業員

3　申出をしようとする者は、１回につき、１か月以上１年以内の期間について、短縮を開始しようとする日及び短縮を終了しようとする日を明らかにして、原則として、短縮開始予定日の１か月前までに、育児短時間勤務申出書により人事部労務課に申し出なければならない。申出書が提出されたときは、会社は速やかに申出者に対し、育児短時間勤務取扱通知書を交付する。その他適用のための手続等については、第３条から第５条までの規定（第３条第２項及び第４条第３項を除く）を準用する。

4　本制度の適用を受ける間の給与については、別途定める賃金規程に基づく労務提供のなかった時間分に相当する額を控除した基本給と諸手当の全額を支給する。

5　賞与については、その算定対象期間に本制度の適用を受ける期間がある場合においては、短縮した時間に対応する賞与は支給しない。

6　定期昇給及び退職金の算定にあたっては、本制度の適用を受ける期間は通常の勤務をしているものとみなす。

第20条（介護短時間勤務）　要介護状態にある家族を介護する従業員は、申し出ることにより、当該家族１人当たり利用開始の日から３年の間で２回までの範囲内で、就業規則第○条の所定労働時

間について、以下のように変更することができる。

　　所定労働時間を午前9時から午後4時まで（うち休憩時間は、午前12時から午後1時までの1時間とする）の6時間とする。

2　本条第1項にかかわらず、次のいずれかに該当する従業員からの介護短時間勤務の申出は拒むことができる。

一　日雇従業員

二　労使協定によって除外された次の従業員

　ア　入社1年未満の従業員

　イ　1週間の所定労働日数が2日以下の従業員

3　申出をしようとする者は、短縮を開始しようとする日及び短縮を終了しようとする日を明らかにして、原則として、短縮開始予定日の2週間前までに、介護短時間勤務申出書により人事部労務課に申し出なければならない。申出書が提出されたときは、会社は速やかに申出者に対し、介護短時間勤務取扱通知書を交付する。その他適用のための手続等については、第11条から第13条までの規定を準用する。

4　本制度の適用を受ける間の給与については、別途定める賃金規程に基づく労務提供のなかった時間分に相当する額を控除した基本給と諸手当の全額を支給する。

5　賞与については、その算定対象期間に本制度の適用を受ける期間がある場合においては、短縮した時間に対応する賞与は支給しない。

6　定期昇給及び退職金の算定にあたっては、本制度の適用を受ける期間は通常の勤務をしているものとみなす。

第21条（妊娠・出産・育児休業・介護休業等に関するハラスメント、セクシュアルハラスメント及びパワーハラスメントの禁止）　すべての従業員は妊娠・出産・育児休業・介護休業等に関するハラスメント、セクシュアルハラスメント及びパワーハラスメントを行ってはならない。

2　本条第1項の言動を行ったと認められる従業員に対しては、就業規則第○条及び第△条に基づき、厳正に対処する。

第22条（給与等の取扱い）　育児・介護休業の期間については、基本給その他の月毎に支払われる給与は支給しない。

2　賞与については、その算定対象期間に育児・介護休業をした期間が含まれる場合には、出勤日数により日割りで計算した額を支給する。

3　定期昇給は、育児・介護休業の期間中は行わないものとし、育児・介護休業期間中に定期昇給日が到来した者については、復職後に昇給させるものとする。

4　退職金の算定にあたっては、育児・介護休業をした期間を勤務したものとして勤続年数を計算するものとする。

第23条（介護休業期間中の社会保険料の取扱い）　介護休業により給与が支払われない月における社会保険料の被保険者負担分は、各月に会社が納付した額を翌月○日までに従業員に請求するものとし、従業員は会社が指定する日までに支払うものとする。

第24条（年次有給休暇）　年次有給休暇の権利発生のための出勤率の算定にあたっては、育児・介護休業をした日は出勤したものとみなす。

第25条（法令との関係）　育児・介護休業、子の看護休暇、介護休暇、育児・介護のための所定外労働の制限、育児・介護のための時間外労働及び深夜業の制限並びに所定労働時間の短縮措置等に関して、本規程に定めのないことについては、育児・介護休業法その他の法令の定めるところによる。

（附則）

本規程は、令和○年○月○日から適用する。

3 安全衛生に関する規程

▶ 書式を作成する際の注意点

　労働安全衛生法では、事業場の業種や規模に応じて、安全衛生の責任者や担当者などを選任することを義務づけています。また、常時50人以上の労働者を使用している会社（事業者）に対し、健康診断の実施の報告を義務づけています。会社は、安全衛生規程などを整備し、労働者の安全衛生を確保しなければなりません。

書式3　安全衛生管理規程

　まず、規程を定める目的を規定します。安全衛生管理を行うことで、労働災害の未然の防止、従業員の安全と健康を守り快適な職場環境形成、生産性の向上などを図ることができます。事業主の責務以外にも従業員が遵守すべき事項についても規定して、両者がより良い職場にするよう責任を負っている旨を記載します。

　次に、事業場の安全衛生管理体制や安全衛生管理教育について規定します。安全衛生管理体制では、その事業場に設置が義務づけられている総括安全衛生管理者、安全管理者、衛生管理者の選任方法や職務内容、権限などを規定します。また、安全衛生委員会などの機関についても規定します。安全衛生教育については、実施する時期などを規定します。

　さらに、設備機械などの点検整備について、点検整備の基準や記録の保存などについて規定します。

　健康診断についても、義務づけられている健康診断の種類や頻度について規定しておきます。一般的な事業場では、年1回実施が義務づけられています。

　このような規定を設けておくことで、各事業場は、規定内容に沿って必要な安全衛生施策を確実に実行することができます。

安全衛生管理規程

第1章　総則

第1条（目的）　本規程は、就業規則の定めに基づき、従業員の安全と健康を確保するため、労働災害を未然に防止する対策、責任体制の明確化、危害防止基準の確立、自主的活動の促進、その他必要な事項を定め、従業員の安全衛生の管理活動を充実するとともに、快適な作業環境の形成を促進することを目的としてこれを定める。

2　従業員は、安全衛生に関する法令および会社の指揮命令を遵守し、会社と協力して労働災害の防止および職場環境の改善向上に努めなければならない。

第2章　安全衛生管理体制

第2条（総括安全衛生管理者）　安全および衛生に関し、各事業所にこれを統括管理する総括安全衛生管理者を選任する。職務について必要な事項は別に定める。

第3条（法定管理者等）　総括安全衛生管理者の他、安全および衛生管理を遂行するために、関係法令に基づき各事業所に法定管理者を次のとおり選任する。

(1)　安全管理者

(2)　衛生管理者　1名は専任とする

(3)　産業医

(4)　作業主任者

2　前項により選任された者は、その業務に必要な範囲に応じて安全および衛生に関する措置を講ずる権限を有する。

3 第1項により選任された者の職務について必要な事項は別に定める。

第4条（安全衛生委員会の設置） 安全衛生管理に関する重要事項を調査審議し、その向上を図るため、各事業所に安全衛生委員会を設置する。

2 安全衛生委員会の運営に関する事項は、別に定める安全衛生委員会規則による。

第3章　安全衛生教育

第5条（安全衛生教育訓練） 安全および衛生のため次の教育訓練を行う。

(1) 入社時教育訓練

(2) 一般従業員教育訓練

(3) 配置転換・作業内容変更時の教育訓練

(4) 危険有害業務就業時の特別教育訓練

(5) 管理職（管理職就任時を含む）の教育訓練

(6) その他総括安全衛生管理者が必要と認めた教育訓練

2 前項各号の教育訓練の科目および教育訓練事項については、別に定める。

3 第1項各号に定める教育訓練の科目および教育訓練事項について、十分な知識および経験を有していると認められる者に対しては、当該科目および事項を省略することができる。

第4章　健康管理

第6条（健康診断） 会社は、従業員を対象として、採用時および毎年1回定期に健康診断を実施する。

2 会社は、法令で定められた有害業務に従事する従業員を対象として、前項に定める健康診断に加えて、特別の項目に関わる健康

診断を実施する。

3　従業員は、会社の行う健康診断を拒否してはならない。但し、やむを得ない事情により会社の行う健康診断を受け得ない従業員は、所定の診断項目について他の医師による健康診断書を提出しなければならない。

4　従業員は、自身の健康状態に異常がある場合は、速やかに会社に申し出なければならない。また、必要に応じて医師等の健康管理者より指導等を受けなければならない。

5　従業員は、労働安全衛生法第66条の10の規定に基づくストレスチェックおよび面接指導の実施を求められた場合は、その指示に従うよう努めなければならない。なお、ストレスチェックおよび面接指導の詳細については、別に定める。

第7条（就業制限等）　前条の健康診断の結果またはそれ以外の事由により、従業員が業務に耐え得る健康状態でないと認める場合は、就業の禁止または制限、あるいは職務の変更を命じることがある。

第8条（健康管理手帳提示の義務）　健康管理手帳の所有者は、入社に際し、それを提示しなければならない。

第5章　その他

第9条（危険有害業務）　危険有害業務については、労働基準法その他関係法令の定めるところにより、就業を禁止または制限する。

第10条（免許証等の携帯）　法定の免許または資格を有する者でないと就業できない業務に従事する者は、就業時は、当該業務に係る免許証または資格を証する書面等を常に携帯しなければならない。

第11条（安全衛生点検）　災害の発生の防止を図るため、関係法令に定めるものの他、所定の安全衛生点検を行う。

第12条（保護具等の使用）　危険有害な業務に従事する者は、保護具等を使用しなければならない。

第13条（非常災害時の措置） 火災発生時には実態に応じ、必要な応急措置を行い、速やかに直属所属長に報告し、指示を受けなければならない。

2 労務安全担当課長は、災害の原因について分析し、類似災害を防止するために必要な措置を講じなければならない。

附 則

　1　この規程は令和○年○月○日に制定し、同日実施する。

ハラスメント防止に関する規程

第4章 就業規則に関連するその他の社内規程

▶ ハラスメント防止に関する規程の作成と周知

　ハラスメントを防止するためには、「職場においてハラスメント行為があってはならない」ことを会社が明確に示すことによって、会社がハラスメントに対して毅然とした態度を示すことを明らかにし、従業員全員が、ハラスメント行為の防止に対する認識を強く持つようにします。そこで、就業規則や従業員の心得などの社内規程・社内ルールの中に、ハラスメント防止のための項目を作成することが必要です。具体的には、ハラスメントの定義、ハラスメントの具体例、ハラスメントの加害者に対する会社の対応・処分、ハラスメントの被害者に対して会社が行う措置、などを記載します。このような記載によって、具体的にどのような行為がハラスメントになるのか、またハラスメントが行われた場合には会社によってどのような対応が行われるのかなどについて、従業員が正しく理解して、ハラスメント行為を防ごうという意識を強く認識することが期待できます。

　なお、既存の就業規則に、ハラスメントに関する規定を新たに設ける場合には、就業規則の変更などの手続きを踏まえなければなりません。具体的には、事前に労働者代表（労働者の過半数で組織する労働組合または労働者の過半数を代表する者）の意見を聴かなければなりません。この意見聴取に際して、ハラスメント被害の防止を徹底することと、労働者に周知する方法などについても話し合っておくとよいでしょう。

　また、就業規則などに定める規定は、労働者にとってわかりやすい内容である必要があります。オーソドックスな規定の設け方としては、①ハラスメントが禁止行為であることを示す条項を設けます。そして、ハラスメント防止のために、②ハラスメント行為を行った者に対して、会社はどのような種類・内容の処分を行うことができるのかを明確に規定

しておく必要があります。③ハラスメント被害については、具体的にどのような行為がなされた場合に、どのような措置や対応がなされるのかについて、就業規則の規定から明確になるように、違反行為とそれに対応する措置の種類・内容を対応させて規定しておくことが必要です。

　しかし、就業規則の本則にハラスメントについての詳細な規程まで盛り込むと、就業規則が膨大になってしまい、従業員が就業規則の規定を正確に把握できなくなってしまう可能性があります。

　そこで、別途、ハラスメント防止規程（書式4）などを作成し、就業規則の本則には下図（「就業規則中のパワハラ防止規定の例」）のような規程を置いた上で、ハラスメント防止規程などにハラスメント防止についての詳細なルールを定めておくのがよいでしょう。ハラスメント防止規程については、一つの規程の中でセクハラやパワハラについて定める方法と、個別の「セクハラ防止規程」「パワハラ防止規程」のように、ハラスメントの類型ごとに規程を作成する方法があります。どのように定めるかについては、各企業で判断することになります。

書式4　ハラスメント防止規程

　セクシュアルハラスメント、パワーハラスメント、マタニティハラスメントの防止に関する規程です。具体的には、各々のハラスメントの定義づけをした上で、従業員や監督者などの責任を明確にします。そして、規程を実効的なものとするため、社内に相談窓口を設けます。その上で、プライバシーへの配慮や不利益な取扱いを禁ずるなどの環境を整えて、従業員が相談しやすい状況を作り出し、穏便な解決方法を確保するのが重要です。ハラスメント防止のための研修を行うことも有効です。

■ 社内規程を別途定める場合の就業規則

第○条（ハラスメントに対する対応）
ハラスメントについては、服務規律及び懲戒処分の規定の他、「ハラスメント防止規程」により別途定める。

書式4　ハラスメント防止規程

ハラスメント防止規程

第1条（目的）　本規程は、セクシュアルハラスメント、パワーハラスメントおよびマタニティハラスメント（以下3つを総称して「職場におけるハラスメント」または「ハラスメント」という）の防止のための措置、およびこれらに起因する問題が生じた場合に適切に対応するための措置に関し、必要な事項を定め、職場における人事の公正の確保、従業員の良好な就業環境の保護および従業員の業務能率の発揮を図ることを目的とする。

第2条（定義）　本規程において、次に掲げる用語の意義は各号に定めるところによる。

① 「従業員」とは、正社員、パートタイム労働者、アルバイト、委託契約社員をいう。

② 「関係者」とは、従業員の家族、または関係業者等の職務上の関係を有する者をいう。

③ 「セクシュアルハラスメント」とは、他者を不快にさせる職場の内外における性的な言動をいう。性的な言動とは、性的な内容に関わる発言や性的な行動のことを指す。具体的には、職場において、意に反する性的な言動を受けた従業員の対応により、その従業員が解雇、降格または減給などの不利益を受ける対価型セクハラや、職場において、意に反する性的な言動を受けた従業員の就業環境が不快なものになり、その従業員が就業する上で看過できない程度の支障が生じる環境型セクハラのことである。

④ 「パワーハラスメント」とは、同じ職場内で働く者に対して、職務上の地位や人間関係などに関わる職場内の優位性を背景に、業務の適正な範囲を超えて精神的・身体的苦痛を与える

行為、または就業環境を悪化させる行為をいう。

⑤ 「マタニティハラスメント」とは、従業員に対し、本人およびその配偶者の妊娠および出産および育児休業等に関する言動により職場環境を害することをいい、不利益な扱いを示唆することを含む。

⑥ 「職場におけるハラスメントに起因する問題」とは、ハラスメントを受けることにより、従業員の就労上の環境が害され、職務に専念することができなくなる程度に就労上の環境が不快なものになること、およびハラスメントへの対応に起因して従業員が就労上の不利益を受けることをいう。

⑦ 「不利益」には次のようなものを含む。

　イ　昇級・昇格、配置転換等の任用上の取扱いや、昇格、昇給等の給与上の取扱い等に関する不利益

　ロ　誹謗中傷を受けることその他事実上の不利益

第3条（従業員の責務）　従業員は、本規程の定めるところに従い、職場におけるハラスメント行為を行ってはならない。

第4条（監督者の責務）　従業員を監督する地位にある者（以下「監督者」という）は、次の各号に掲げる事項に注意して職場におけるハラスメントの防止および排除に努めるとともに、ハラスメントに起因する問題に迅速かつ適切に対処しなければならない。

① 日常の執務を通じた指導等により、ハラスメントに関し、従業員の注意を喚起し、ハラスメントに関する認識を深めさせること。

② 従業員の言動に十分な注意を払うことにより、ハラスメントまたはハラスメントに起因する問題が職場に生じることがないよう配慮すること。

第5条（研修等）　会社は、職場におけるハラスメントの防止等を図るため、従業員に対して必要な研修等を実施するよう努めるものとする。

2　会社は、新たに従業員となった者および新たに監督者となった
従業員に対し、ハラスメントに関する基本的な事項について理解
させるため、ハラスメントの防止等に関し研修を実施するものと
する。

第6条（苦情相談への対応）　会社は、職場におけるハラスメント
に関する苦情の申出および相談（以下「苦情相談」という）が従
業員からなされた場合に対応するため、○○部に相談窓口（以下
「相談窓口」という）を設置するとともに、苦情相談を受ける従
業員（以下「相談員」という）を配置するものとする。

2　相談員は、苦情相談に係る問題の事実関係の確認および当該苦
情相談に係る当事者に対する助言等により、当該問題を迅速かつ
適切に解決するような処置を講ずるように努めるものとする。

第7条（苦情相談の申出）　職場におけるハラスメントを受けた従
業員もしくはハラスメント行為を目撃した従業員は、苦情相談に
対して口頭または書面にて、ハラスメントに関する苦情の申出お
よび相談を行うことができる。

2　ハラスメントに関する苦情の申出および相談は、現実に発生し
た場合に加え、発生のおそれがある場合も行うことができる。

第8条（プライバシー等への配慮）　相談員は、当事者およびその
他の関係者等から公正な事情聴取を行うものとし、その際には、
事情聴取対象者の名誉、人権およびプライバシーに十分配慮しな
ければならない。

第9条（不利益取扱いの禁止）　会社は、職場におけるハラスメン
トに対する苦情の申出、当該苦情に係る調査への協力その他ハラ
スメントに関して正当な対応をした従業員に対し、そのことを
もって不利益な取扱いをしてはならない。

第10条（苦情処理委員会）　会社は、第6条第1項の相談窓口の他、
職場におけるハラスメントその他に関連する問題について相談を

受ける苦情処理委員会を設置するものとする。

2　苦情処理委員会の運営に関する事項は、苦情処理委員会運営規程の定めによる。

第11条（懲戒処分）　会社は、職場におけるハラスメント行為の事実関係があり、処分が必要であると認められた場合、当該行為を行った従業員に対し、就業規則に基づいて懲戒処分を行う。

第12条（その他のハラスメント行為）　職場におけるハラスメント以外の就業環境を害する行為で、相談員がハラスメント行為がなされた場合と同様に対処すべきと認めるものについては、前10条の規定を準用する。

附　則

1　本規則を変更または廃止する場合は、取締役会の承認を必要とする。

2　本規則は令和○年10月1日から改正し、同日施行する。

3　本規則の主管者は総務部門長とする。

（制定・改廃記録）

制定　　令和○年4月1日

改正　　令和○年7月1日

改正　　令和○年10月1日

5　職務発明に関する規程

書式5　職務発明規程

　会社に勤める従業員が、職務上の研究・開発を通じて発明することを「職務発明」といいます。従業員自身の努力・才能に加え、会社が設備や研究費などを提供したことで実現した発明の場合、権利の帰属や報酬をめぐってトラブルになることが多くありました。そのため、平成27年（2015年）に次のような特許法等の改正が行われました。

①　権利帰属について会社の原始取得を認める点

　職務発明規程などで定めを置いていた場合は、会社が特許を受ける権利を原始取得できます。これにより権利関係が不明確であった事例について、明確化することが可能になりました。

②　発明者が受ける報酬（相当の利益）に金銭以外も認める点

　金銭に限定されず、昇進や昇格などの経済上の利益を報酬（相当の利益）とすることも認められました。ただし、金銭以外の経済上の利益を報酬とする制度を採用する企業は、まだ少ないようです。

③　報酬（相当の利益）の基準を経済産業大臣が公表している点

　改正前の使用者・従業員間が取り決めた報酬基準の場合、使用者によって報酬基準に差が生じ、訴訟リスクが高いとされていました。

　その解消のため、報酬基準などについて経済産業大臣が「職務発明ガイドライン」という指針を公表しています。職務発明規程を作成する際は、この指針を参考にすることが推奨されます。職務発明規程の作成義務はないものの、職務発明規程の中で特許を受ける権利が当初から使用者に帰属することを明示していない場合、従業員と個別に契約を締結し、特許を受ける権利を取得・承継することが必要です。

職務発明規程

第1条（目的） 本規程は、従業者が行った発明の取扱いについて、必要な事項を定めるものとする。

第2条（用語の定義） 職務発明とは、その性質上会社の業務範囲に属し、かつ、その発明をするに至った行為が会社における従業者等の現在または過去の職務に属する発明として第5条に基づいて会社が認定したものをいう。

2 従業者等とは、会社に雇用されている従業員、会社の役員、会社で働いている出向社員・派遣社員をいう。

3 発明者とは、発明をした従業者等をいう。

第3条（権利の帰属） 職務発明は、会社が必要と認めたときは、その特許を受ける権利を取得する。

2 従業者等が社外の者と共同で職務発明をした場合、会社が必要と認めたときは、従業者等の発明に係る持分を会社が取得する。

第4条（発明の届出） 会社の業務範囲に属する発明をした従業者等は、速やかに発明届を作成し、会社に届け出なければならない。

2 前項の発明が2人以上の者によって共同でなされたものであるときは、前項の発明届を連名で作成し、各発明者の寄与率を記入するものとする。

第5条（職務発明の認定） 会社は、第4条の発明届の届出があったときは、その届出に係る発明が職務発明であるかどうかを認定し、職務発明であると認定したときは、その発明について特許を受ける権利を会社が取得するかどうかを決定する。その権利を会社が取得すると決定した場合、その発明について特許出願が必要と認めたときは、会社の責任において直ちに特許出願を行うものとする。

2　会社は、第1項の認定および決定について、速やかに発明者に文書で通知するものとする。

3　発明者は、会社が特許を受ける権利を取得しないと決定した職務発明を第三者に譲渡するときは、会社の承認を得なければならない。

第6条（職務発明委員会）　会社は、この規程を実施するため、職務発明委員会を置き、知的財産部が事務局となる。職務発明委員会は、職務発明の認定、特許を受ける権利の承継、実績報奨金、発明者の意見聴取などを審議する。

第7条（報奨金）　会社は、第5条第1項の規定により、職務発明について特許を受ける権利を発明者から取得したときは、発明者に次のような報奨金を支払う。

① 出願報奨金：特許出願1件につき1万円

② 登録報奨金：特許権設定登録1件につき2万円（分割出願または変更出願が設定登録された場合、登録報奨金のみを支払い、出願報奨金は支払わない）

③ 実績報奨金：会社が得た利益、発明の経済的価値（市場性など）、技術的価値（独創性・完成度・優位性など）、貢献度（他社牽制・社内活気・社会的認知など）を総合的に考慮し、個別に決定する。ただし、年間1000万円を上限とする。

④ ノウハウ報奨金：会社が、特許を受ける権利を取得し、これをノウハウとするときは、出願報奨金と同額を支払う。

2　発明者が2人以上いるときは、寄与率に応じて報奨金を分配する。

3　外国出願の場合は、出願国の数にかかわらず1件分の登録報奨金のみを支払い、出願報奨金は支払わない。

4　会社が職務発明に基づく特許権について第三者とクロスライセンスをした場合は、相手方からライセンスを受けている特許権の寄与によって実績報奨金は算定される。

第8条（報奨金の支払い） 報奨金の支払いは、次の時期に各従業者の銀行口座へ遅滞なく振り込むものとする。

① 出願報奨金の支払い：出願後

② 登録報奨金の支払い：権利設定登録があった後

③ 実績報奨金の支払い：年度末

第9条（実績報奨金の算定） 職務発明委員会は、特許権の実績報奨金について、職務発明委員会が定めた基準に従って暫定的に報奨金を算定し、その暫定報奨金について従業者等から意見や要望を聴取した後、それを真摯に検討して報奨金を決定する。

2 職務発明委員会は、発明者が退職している場合、職務発明委員会が定めた基準に従って報奨金を支払い、その金額について退職者から意見の聴取を行う。

第10条（転職、退職または死亡したときの報奨金） 第7条の報奨金を受ける権利は、その権利に係る発明者が転職し、または退職した後も存続し、発明者が死亡したときは、その相続人が承継する。

2 会社は、相当の注意を払ったが、発明者または相続人と連絡がとれない場合、報奨金の支払いを中止することができる。

第11条（秘密保持） 発明者および職務発明委員会の関係者は、発明の内容について必要な期間その秘密を保持しなければならない。

第12条（役員に対する支払い） 第7条の報奨金を受けるべき者が役員であるときは、取締役会の承認を得なければならない。

第13条（実用新案権および意匠権の取扱い） 本規程は、実用新案権および意匠権の取扱いについて準用する。ただし、報奨金は次の通りとする。

① 出願報奨金：実用新案権・意匠権とも1件につき5,000円

② 登録報奨金：意匠権設定登録のみ1件につき1万円（実用新案権は無審査登録につき登録報奨金は支払わない）

第14条（職務発明規程の開示） 本規程は、従業者等がいつでも見

られるように、各従業者等に配布し、社内イントラネット上に
開示される。

附　　則
1　この規程を変更または廃止する場合は、取締役会の承認を必
　　要とする。
2　この規程は令和○年7月1日に制定し、同日実施する。
3　この規程は令和○年10月1日から改正し、同日実施する。
4　改正後の職務発明規程（以下「新規程」という）の適用は、
　　新規程の施行後の出願分からとし、新規程施行前の出願分につ
　　いては、なお、従前の例による。

（制定・改廃記録）
制定　　　令和○年7月1日
改正　　　令和○年10月1日

6 出向に関する規程

書式6　出向規程

　出向とは、会社の人事異動の一種で、会社の命令に基づき、従業員が別の会社（出向先）に移ることです。出向には、在籍出向と転籍（転籍出向）があり、このうち在籍出向とは、元の使用者の従業員としての地位を維持したままで、異なる使用者の指揮命令に従うことになる人事異動のことです。これに対して、転籍とは、元の会社の従業員としての労働契約が終了し（元の会社は退職と扱います）、別の会社との間で労働契約を締結する人事異動のことです。

　従業員を出向させる場合、契約書を作成する場合もありますが、就業規則（出向規程）に定めを置くことで運用しているケースが多いといえます。当該従業員に対して、出向の準備ができるように、出向の目的、出向先の企業や団体名、勤務地、出向期間、出向先での業務の内容、出向先の労働条件などの重要な事項について事前に説明します。出向規程においては、出向により対象労働者の労働条件が悪化しないよう注意しなければなりません。出向先における賃金や労働時間などの労働条件は、元の会社で働いていた場合と同程度であることが望ましいといえます。その他、個々の会社の事情に合わせ、福利厚生や復職などの手続きを明確に定めておくことが必要です。出向期間についても明記しておき、出向期間が不当に長期間にならないよう留意しなければなりません。転勤が頻繁に起こる会社では、事前に出向についてのルールを作成した出向規程を作成し、入社した労働者に配布・説明し、事前に同意を得ておく必要があります。

　もっとも、転籍は元の会社との雇用契約がいったん終了するため、転籍させる段階においても、対象従業員の同意を得なければなりません。同意を得ずに行う転籍は、解雇と同様に扱われるので注意が必要です。

書式6　出向規程

出向規程

第1条（本規程の目的）　本規程は、株式会社○○○○（以下「会社」という）の従業員の、出向に関する事項について定めたものである。

第2条（定義）　本規程における出向および出向社員とは、それぞれ次のものをいう。

　・出向　会社の命令により、会社に在籍したまま、関連会社等（以下「出向先」という）に転出し、その役員または従業員として勤務することをいう

　・出向社員　出向を命じられた従業員のことをいう

第3条（出向期間）　出向期間は2年以内を原則とする。

2　出向を命じるにあたってはその期間を明示することとする。

3　第1項の規定については、業務上の都合により、必要に応じて出向期間を短縮または延長することができる。

第4条（出向先での労働条件）　就業時間、休日および休暇等の労働条件に関しては、原則として出向先の就業規則その他の規定に従うものとする。

第5条（給与）　出向社員の給与は、出向先の賃金規程に基づいて支給する。

2　前項の規定に関し、出向先から支給される給与が、出向前の給与を下回る場合には、その差額を会社が補償するものとする。

3　前2項の規定は、出向中の昇給に関して、これを準用する。

第6条（賞与）　出向中の賞与に関しては、出向先の規程により、これを支給する。

2　前項の規定に関し、出向先から支給される賞与が、出向前の賞与の水準を下回る場合には、その差額を会社が補償するものとする。

第7条（年次有給休暇）　出向社員の出向中の年次有給休暇は、出向先の就業規則に基づくものとする。

第8条（慶弔見舞金）　出向社員の慶弔については、出向先の慶弔見舞金規程に基づいて支給する。

第9条（所定就業時間格差の補償）　出向先での所定労働時間が、会社の所定労働時間を超える場合は、その時間を時間外労働として扱う。

2　前項から生じた格差は、第5条第2項および第6条第2項に従い、会社が補償するものとする。

第10条（福利厚生）　福利厚生制度については、出向先の定めるところによる。

2　前項の他、必要に応じ、会社の規程を適用することができる。

第11条（出向社員の身分保障）　出向社員は出向期間中、○○部門または出向先と密接な関係にある部門に籍を置くものとする。

2　出向期間中の給与、勤続年数、退職金、昇格および昇給等の基本的労働条件は保障する。

3　出向期間は勤続年数に通算する。

第12条（昇進、昇格および昇給）　出向社員に対しては、出向先における勤務成績を勘案して人事考課を行い、昇進、昇格および昇給等を行う。

第13条（退職および解雇）　出向社員が、出向先において退職または解雇となる場合は、復職を命じることとする。

2　前項の措置をとった後、会社に復職させた上で退職または解雇の措置をとることがある。

第14条（出向先からの退職金）　出向先から退職金が支給された場合は、全額、会社へ納入することとする。

第15条（保険加入）　出向社員の健康保険、厚生年金保険、雇用保険および労災保険は、就労の実態に基づいて、会社または出向先

で加入する。

第16条（労災保険）　出向先において、業務上または通勤途上で災害をこうむった場合は、出向先の労災保険を適用する。

第17条（出向先からの復職）　出向社員が復職する場合には、知識、能力および経験等を考慮して、適正な職務に配置する。

第18条（表彰）　出向社員が表彰された場合には、出向先における定めを適用することとする。

2　前項の他、必要がある場合には、会社の規程を適用することができる。

第19条（懲戒）　懲戒に関しては、前条第1項の規定を準用する。

2　懲戒に関しては、同一事由について二重懲戒を受けることはない。

第20条（報告書）　出向社員は、定期的に業務遂行状況に関する報告書を会社に提出するものとする。

第21条（連絡）　会社の社内事項については、必要に応じて本人に直接、連絡することとする。

附　　則

1　この規程は令和○年○月○日制定し、同日実施する。

2　この規則の主管者は総務部門長とする。

3　この規則を改廃する場合は、「過半数従業員の選出に関する規程」に基づいて選出された従業員の過半数代表者の意見を聴いて行う。

（制定記録）

制定　　令和○年○月○日

退職に関する規程

書式7　退職金規程

　労働基準法上、退職金（退職手当）の支給は使用者の判断にゆだねられていますが、退職金制度を設ける場合には、必ず就業規則への記載が必要となります。その際の記載事項として、ⓐ適用される労働者の範囲、ⓑ退職金の決定・計算・支払いの方法、ⓒ退職金の支払時期を定めること、が必要です。退職金制度の詳細については、就業規則の本則に規定するのではなく、別規程として規定を設けることが多くあります。就業規則で明確に規定された退職金は、その規定に沿って算出された全額を、受給権者に対して直接支払うのが原則です。ただし、次のような一定の条件を満たす場合は、退職金の減額や不支給が認められることもあります。

・重大な就業規則違反など特別な事情があった

・就業規則に退職金の減額や不支給についての要件が明確に記載され、労働者に周知されている

・社会通念（社会常識）に照らして、退職金の減額や不支給が容認されるほどの状況にある

書式8　競業禁止および守秘義務に関する誓約書

　定年退職する従業員から会社の秘密が漏洩するのを防ぐために、退職する従業員の競業禁止義務および秘密保持義務を明記した誓約書を作成し、退職時に提出させることがトラブル防止になります。

書式9　退職に関する合意書

　退職後にトラブルに発展する場合もあるので、従業員が退職に同意したらなるべく早い段階で退職届を提出させる必要があります。条件面で合意に達した場合にも、合意書の提出を求めるようにしましょう。

退職金規程

第1条（目的）　就業規則第○章第○条の定める従業員の退職金は、この規程の定めるところによってこれを支給する。ただし、就業規則第○条から第○条までの定めにより懲戒解雇された者および退職後に懲戒解雇に相当する事由が発見された者に対しては、退職金の全部または一部を支給しないことがある。

第2条（手当金の種類）　退職手当金は次の2種類とする。

① 会社都合退職手当金

② 自己都合退職手当金

第3条（会社都合退職手当金）　会社都合退職手当金は、満1年以上勤務した従業員が定年・死亡および会社規程により退職し、あるいは会社の都合により解雇されたときにこれを支給する。

第4条（会社都合退職手当金の額）　前条の事由により退職した従業員の退職手当金の額については、退職時の月額基本給相当分（以下「対象月額賃金」という）に勤務年数に応じた別表1の率を乗じた額とする。

第5条（自己都合退職手当金）　自己都合退職手当金は、満3か年以上勤務した従業員が、自己の都合で退職を申し出て承認のあったときにこれを支給する。

第6条（自己都合退職手当金の額）　前条の事由により退職した従業員の退職手当金の額については、退職時の対象月額賃金に勤務年数に応じた別表2の率を乗じた額とする。

第7条（勤続年数の計算）　勤続年数の計算は会社の採用の日より起算し退職の日までとする。なお、試用期間は勤続年数に通算する。

2　会社の都合により休職を命じられた者を除き、休職期間は勤続年数に算入しない。

第8条（端数期間の処理）　勤続期間に1か年未満の端数があるときは月割をもって計算し、1か月未満の端数があるときはこれを1か月に繰り上げる。

第9条（退職手当金支給制限）　次の各号のいずれかに該当する者に対しては退職手当金を支給しない。ただし、事情により減額して支給することがある。

①　就業規則に基づき懲戒解雇された者

②　就業規則における所定の手続きをとらずに退職した者

第10条（死亡者の退職手当金）　死亡による退職手当金はこれを遺族に支給する。退職手当金を受ける遺族の順位は、労働基準法施行規則第42条の定める遺族補償順位による。

第11条（支払時期）　退職手当金は、原則として支給事由発生後3か月以内に支給する。ただし、支給に際しては法定の諸控除金を控除する。

附　　則

1　この規程は令和〇年10月1日に制定し、同日実施する。

2　この規程の主管者は総務部門長とする。

3　この規程を改廃する場合は、「過半数従業員の選出に関する規程」に基づいて選出された従業員の過半数代表者の意見を聴いて行う。

（制定記録）

制定　　令和〇年10月1日

別表

勤続年数	（別表1）会社都合退職	（別表2）自己都合退職	備考
1	0.7	支給せず	
2	1.0	支給せず	
3	1.5	0.7	
4	2.0	1.0	
5	3.0	1.5	
6	3.5	2.0	
7	4.0	2.5	
8	4.5	3.0	
9	6.0	3.5	
10	7.0	4.0	
11	7.5	4.5	
12	8.0	5.0	
13	8.5	5.5	
14	9.0	6.0	
15	9.5	6.5	
16	10.0	7.0	
17	10.5	7.5	
18	12.0	8.0	
19	12.5	8.5	
20	13.0	9.0	
21	13.5	9.5	
22	14.0	10.0	
23	15.0	10.5	
24	15.5	11.0	
25	16.0	11.5	
26	16.5	12.0	
27	17.0	12.5	
28	17.5	13.0	
29	18.5	13.5	
30	20.0	14.0	

勤続年数	（別表1）会社都合退職	（別表2）自己都合退職	備考
31	20.5	15.0	
32	21.0	15.5	
33	21.5	16.0	
34	22.0	16.5	
35	22.5	17.0	
36	23.0	17.5	
37	23.5	18.0	
38	24.0	18.5	
39	25.0	19.0	
40	25.5	20.0	
41	26.0	21.0	
42	26.5	21.5	
43	27.0	22.0	
44	27.5	22.5	
45	28.0	23.0	

（注）第8条に規定する月割をもって計算する例

　　　自己都合退職、勤続年数5年8か月10日の場合：

　　　1.5＋（2.0 - 1.5）×（9か月÷12か月）＝1.8（小数点以下第1位未満切捨て）

　　　（10日は1か月未満の端数なので1か月に繰上げ→5年9か月として計算）

競業禁止および守秘義務に関する誓約書

　私は、今般、貴社を退職するにあたり、以下のことを誓約致します。

1　退職後、在職中に知得した貴社の有形無形の技術上、営業上その他一切の有用な情報および貴社の顧客に関する情報（以下「本件情報」といいます）を、公知になったものを除き、第三者に開示、漏洩しないとともに、自己のためまたは貴社と競業する事業者その他第三者のために使用しないこと。

2　退職後、貴社の顧客に関する個人情報（顧客から預かった個人情報を含む）を、不正に使用し、または第三者に漏洩しないこと。

3　会社の承認を得た場合を除き、離職後1年間は日本国内において会社と競業する業務を行わないこと。また、会社在職中に知り得た顧客、取引関係のある企業および個人と離職後1年間は取引をしないこと。

4　本件情報が具体化された文書、電磁的記録物その他の資料および本件情報に関連して入手した書類、サンプル等すべての資料を退職時までに貴社に返還すること。

5　貴社在職中に、前項の資料を貴社の許可なく社外に搬出していないことおよび第三者に交付等していないこと。

6　貴社在職中に、業務に関連して第三者に対し守秘義務を負って第三者の情報を知得した場合、当該守秘義務を退職後も遵守すること。

7　退職後、直接・間接を問わず、貴社の従業員（派遣社員やパートタイム労働者も含む）を勧誘しないこと。

8　この誓約書に違反して貴社に損害を及ぼした場合には、貴社の被った損害一切を賠償すること。

※文書の冒頭または末尾に、日付・本人の氏名・提出先を記載する

書式9　退職に関する合意書

株式会社○○○○（以下甲という）と○○○○（以下乙という）は、甲乙間の雇用契約に関して、以下の通り合意し、その証として本合意書を2通作成し、各々1通を保管するものとする。

退職に関する合意書

第1条　甲と乙は、当事者間の雇用契約を令和○年○月○日限りにて、合意解約するものとする。

第2条　甲は、乙に対し、退職金として金○○○○円、特別退職金として金○○○○円を支払うものとし、これを令和○年○月○日限り、乙の指定する下記の預金口座に振込送金する方法で支払う。

記

○○銀行、○○支店
預金の種類　普通
口座番号　　123456
名義人　　　○○○○

第3条　甲は、本件の合意解約に関し、雇用保険の離職証明書の離職事由については、会社都合の扱いで処理するものとする。

第4条　甲は、1条の合意解約日現在、乙が有する年次有給休暇が残存する場合において、賃金として乙に1か月に支払われる賃金を1か月の平均労働日数にて割って求めた額を第2条の預金口座に振込送金する方法にて支払うものとする。

第5条　乙は、甲の許可なく本件ならびに本合意書の成立および内容を、第三者に開示しないものとし、甲は、今後乙に不利益となる情報を開示せず、第三者から乙の退職原因を問われた場合には、円満に退職したことのみを告げるものとする。

第6条　乙は、甲の営業秘密および甲の保有する個人情報にかかる資料を、正本、複写の別を問わず、すべて甲に返却し、第1条の合意解約日現在、一切所持しないことを誓約するものとする。

2　乙は、在職中に知り得た甲の会社の営業秘密および甲の保有する個人情報について、甲がとくに許可した場合を除き、在職中より退職以後において、他に漏洩し、自ら利用しないものとする。

第7条　甲と乙は、本合意書に定める以外の債権および債務について、互いに有していないことを確認するものとする。

令和○年○月○日
甲　住所　東京都○○区○○×－×－×
株式会社○○○○
代表取締役　○○○○
乙　住所　東京都○○市○○町×－×－×
○○○○

【監修者紹介】

小島　彰（こじま　あきら）

1957年生まれ。石川県出身。特定社会保険労務士（東京都社会保険労務士会）。就業規則等の作成から労働保険・社会保険の手続き業務といった代行業務、労務相談、IPO（株式上場）支援コンサルテーション、労務監査を数多く手掛けている。労務相談については、企業側からの相談に留まらず、労働者側からの相談も多い。また、IPO（株式上場）のコンサルティングにおいては、昨今のIPOでの労務関係の審査の厳格化に対応するための適切な指導を行っている。IPO関連のセミナーの実績多数。

著作に、『パート・契約社員・派遣社員の法律問題とトラブル解決法』『解雇・退職勧奨の上手な進め方と法律問題解決マニュアル』『労働基準法と労働条件の基本がわかる事典』『 労働安全衛生をめぐる法律と疑問解決マニュアル108』『労働時間と給与計算のしくみと手続き』『改訂新版　労働安全衛生法のしくみ』（監修、小社刊）などがある。

こじまあきら社会保険労務士事務所

会社の設立時の新規適用申請から労働保険・社会保険の手続き代行、給与計算代行、就業規則の新規作成および改正業務、その他労務関連の諸規定の整備、IPO（株式上場）労務コンサルテーションなど幅広く対応している。また、電話とメールを活用した相談サービスやセミナー講師、原稿執筆なども積極的に行っている。

ホームページ　http://www.kojimaakira-sr.com

事業者必携
入門図解
最新　就業規則の作り方と社内規程サンプル集

2023年7月30日　第1刷発行

監修者	小島彰（こじまあきら）
発行者	前田俊秀
発行所	株式会社三修社
	〒150-0001　東京都渋谷区神宮前2-2-22
	TEL　03-3405-4511　FAX　03-3405-4522
	振替　00190-9-72758
	http://www.sanshusha.co.jp
	編集担当　北村英治
印刷所	萩原印刷株式会社
製本所	牧製本印刷株式会社

©2023 A. Kojima Printed in Japan
ISBN978-4-384-04919-0 C2032